Apprendre à lire et à écrire au primaire

Conception graphique de la couverture et illustration: Éric L'Archevêque
Maquette intérieure: Johanne Lemay
Illustrations: Monique Moisan
Michel Fleury

DISTRIBUTEURS EXCLUSIFS:

- Pour le Canada et les États-Unis:
LES MESSAGERIES ADP*
955, rue Amherst, Montréal H2L 3K4
Tél.: (514) 523-1182
Télécopieur: (514) 939-0406
* Filiale de Sogides Ltée

- Pour la Belgique et le Luxembourg:
PRESSES DE BELGIQUE S.A.
Boulevard de l'Europe 117
B-1301 Wavre
Tél.: (10) 41-59-66
(10) 41-78-50
Télécopieur: (10) 41-20-24

- Pour la Suisse:
TRANSAT S.A.
Route des Jeunes, 4 Ter
C.P. 125
1211 Genève 26
Tél.: (41-22) 342-77-40
Télécopieur: (41-22) 343-46-46

- Pour la France et les autres pays:
INTER FORUM
13, rue de la Glacière, 75624 Paris Cédex 13
Tél.: (33.1) 43.37.11.80
Télécopieur: (33.1) 43.31.88.15

René Bélanger

Apprendre à lire et à écrire au primaire

Guide à l'usage des parents

Données de catalogage avant publication (Canada)

Bélanger, René, 1948-

Apprendre à lire et à écrire au primaire: guide à l'usage des parents

ISBN 2-7619-1081-8

1. Lecture (Enseignement primaire). 2. Écriture - Étude et enseignement (Primaire). 3. Lecture - Enseignement individualisé. I. Titre.

LB1573.45.B44 1992 372.4'147 C92-096780-9

Dépôt légal: 3e trimestre 1992
Bibliothèque nationale du Québec

ISBN 2-7619-1081-8

À mon fils Jean-Pierre;
à ma femme Sylvie;
à mon ami Gerry;
à ma filleule Ariane.

Je remercie madame Yolande Landry qui a bien voulu réviser le manuscrit et me faire part de ses suggestions fort utiles. Je remercie également ceux et celles qui m'ont offert leur collaboration et leur soutien, plus particulièrement mesdames Ghislaine Martin et Micheline Saint-Jean, messieurs Gilles Bélanger et Patrick Michaud.

Enfin, je tiens à exprimer une reconnaissance toute spéciale à ma très chère femme, Sylvie, pour son encouragement, son soutien moral et pour la très grande compréhension qu'elle a manifestée tout au long de la préparation de ce livre.

Préface

À vous parents,

L'expérience que j'ai acquise comme directeur d'école depuis vingt-deux ans m'amène à la certitude suivante: le rôle que vous jouez auprès de votre enfant est déterminant pour sa réussite scolaire.

Le livre écrit par René Bélanger est, à mon avis, un outil indispensable pour assurer une plus grande réussite scolaire de votre enfant. Enfin, un ouvrage pour vous, parents, qui répond à de nombreuses questions et qui guidera vos interventions en lecture et en écriture tout au long du cours primaire de votre enfant.

En mon nom et au nom de tous les parents, je remercie monsieur Bélanger pour sa contribution exceptionnelle à la réussite scolaire de nos jeunes Québécois et de nos jeunes Québécoises.

Eddy Bisson
Directeur
École Entramis
Commission Scolaire de Le Gardeur

Introduction

À l'époque où la réussite scolaire et le décrochage deviennent de plus en plus problématiques, il est primordial de mobiliser toutes les ressources et de fournir aux parents tous les outils nécessaires afin qu'ils obtiennent les meilleurs résultats dans leur action éducative auprès de leurs enfants.

Le personnel enseignant et les autres professionnels du monde scolaire ont bénéficié, depuis l'introduction du nouveau programme de français en 1979, de plusieurs heures de formation dans le cadre de leur fonction et possèdent aujourd'hui de nombreux outils.

Pour les parents (partenaires pourtant indispensables), la situation est différente. Dans la majorité des cas, ils n'ont bénéficié d'aucune formation et ne possèdent que peu ou pas d'outils pour intervenir auprès de leurs enfants dans le cadre de l'apprentissage de la lecture et de l'écriture. Ainsi, ils n'obtiennent pas toujours des résultats proportionnels aux efforts qu'ils ont fournis. De plus, la démarche en lecture et en écriture a énormément changé depuis qu'ils ont fait leur cours primaire.

Cet ouvrage veut donc combler ce manque de formation et ainsi permettre aux parents d'optimiser les effets de leurs interventions auprès de leurs enfants.

L'objectif de ce livre est de mettre à la portée de tous les parents qui ont un enfant à l'école primaire au Québec l'essentiel des connaissances et des habiletés nécessaires à la bonne compréhension et à l'application du programme de français en lecture et en écriture.

Ce livre offre donc aux parents une mise à jour de leurs connaissances. Il leur fournit les outils nécessaires pour vraiment seconder leurs enfants et leur permet ainsi de se sentir plus sûrs d'eux lorsqu'ils interviennent dans son apprentissage de la lecture et de l'écriture.

Ce guide insiste sur la démarche à suivre, sur les connaissances à enseigner et sur les habiletés à acquérir, depuis le tout début des apprentissages, en première année, jusqu'à la sixième année. Il s'avère particulièrement utile à la maison lorsque les parents désirent consolider et (ou) poursuivre les apprentissages amorcés en classe.

Les parents, ainsi familiarisés avec la nouvelle démarche utilisée pour l'enseignement de la lecture et de l'écriture, verront leur tâche facilitée; leurs interventions auprès de leur enfant en seront d'autant plus efficaces. Peut-être même lui éviteront-ils des difficultés d'apprentissage qui entraînent souvent un désintéressement pour la lecture et l'écriture.

Afin d'en faciliter la lecture et la compréhension, peu de termes techniques figurent dans ce document.

RENÉ BÉLANGER

PREMIÈRE PARTIE

La lecture

Apprendre
c'est
affectif

Chapitre premier

L'aspect affectif des apprentissages

La relation affective (il aime ou il n'aime pas) que votre enfant établit avec la lecture et l'écriture est déterminante pour sa réussite.

Trop souvent, les situations d'apprentissage que vit l'enfant deviennent frustrantes, désagréables et engendrent chez lui un sentiment d'incompétence. Il ne faut jamais perdre de vue que votre enfant ne peut acquérir toutes les compétences en début d'apprentissage. Il est justement en période de découverte et il a droit à l'erreur.

Si vous désirez que votre enfant maintienne son intérêt pour l'apprentissage de la lecture et de l'écriture et qu'il progresse, il est indispensable que vous souligniez ses progrès et que vous lui exprimiez votre satisfaction plutôt que d'insister sur ses erreurs. L'enfant qui sort grandi d'une situation d'apprentissage de lecture ou d'écriture maintient son intérêt et sa motivation pour ces matières.

La meilleure façon de motiver et de valoriser votre enfant est de sensibiliser et de mobiliser tous les membres de la famille afin qu'ils soient attentifs au progrès et au succès du bambin que vous voulez voir réussir.

La réussite scolaire et le décrochage sont intimement liés à la motivation et à l'intérêt.

Donc, il est primordial de valoriser votre enfant car l'apprentissage de la lecture et de l'écriture constitue une des clefs de son succès pour son avenir.

Chapitre II

L'alphabet

a b c d e f g h i j k l m n o p q r

A B C D E F G H I J K L M N O P

L'identification des vingt-six lettres de l'alphabet, dans leurs formes minuscule et majuscule, fait partie des connaissances que votre enfant doit acquérir au début de la première année.

Cet apprentissage ne demande généralement pas beaucoup de temps. En quelques semaines à peine les élèves réussissent à nommer et à identifier chaque lettre.

Dès les premiers jours de classe, l'enfant est en contact avec des mots. Il constate que ces mots sont composés de signes (les lettres) et est très intéressé à apprendre le nom de chacun d'eux.

À cette étape de l'apprentissage l'enfant doit simplement retenir le nom et la forme de chaque lettre.

Q R S T U V W X Y Z A B C D E F

s t u v w x y z a b c d e f g h i j

Quelques exercices d'apprentissage

Pour aider votre enfant à apprendre l'alphabet, faites quelques copies des tableaux de lettres et affichez-les à des endroits faciles d'accès pour votre enfant. Le meilleur endroit est sans doute la pièce de la maison où il fait ses travaux scolaires.

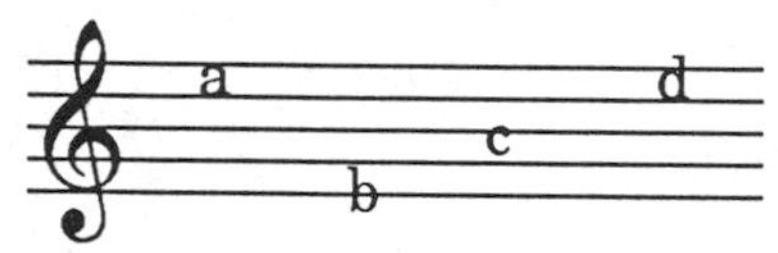

1. La petite chanson (a, b, c, d, e, f, g...) que vous utilisiez lorsque vous appreniez l'alphabet est encore aujourd'hui très utile. Chantez-la régulièrement avec votre enfant jusqu'à ce qu'il la connaisse par cœur.

2. Votre enfant peut également chanter la chanson de l'exercice 1 tout en pointant tour à tour chacune des lettres de l'alphabet sur le tableau conçu à cet effet. Il apprendra ainsi rapidement la graphie et le nom de chacune des lettres.

3. Découpez toutes les lettres de l'alphabet et placez-les dans une enveloppe ou dans un contenant quelconque. En début d'apprentissage, n'utilisez que les dix premières lettres de l'alphabet et ajoutez les autres progressivement. Ensuite, invitez votre enfant à piger une lettre et à l'identifier.

S'il ne la reconnaît pas, suggérez-lui de se servir de la petite chanson et du tableau des lettres pour rafraîchir sa mémoire. Si aucune réponse ne vient, dites-lui simplement le nom de la lettre.

4. Organisez une pêche spéciale. Pour ce faire, découpez les lettres de l'alphabet et fixez un trombone à chacune d'elles. Confectionnez une canne à pêche et placez un aimant au bout du fil en guise d'hameçon. L'enfant pêche une lettre et l'identifie.

Au début, n'utilisez que les premières lettres de l'alphabet, puis, progressivement, ajoutez les autres.

Si votre enfant ne reconnaît pas la lettre pêchée, il faut lui suggérer des moyens pour l'aider à se souvenir (par exemple la petite chanson, le tableau des lettres...) ou lui dire tout simplement le nom de la lettre inconnue.

5. Invitez votre enfant à identifier des lettres de l'alphabet sur une affiche, dans un livre, dans une revue ou dans un journal. Par exemple, demandez-lui s'il reconnaît des lettres dans un article que vous avez sélectionné ou s'il peut y retrouver une lettre en particulier.

6. Suggérez à votre enfant de placer en ordre alphabétique les lettres préalablement découpées. Au début, ne lui présentez que les premières lettres puis joignez-y les suivantes progressivement.

7. Si votre enfant aime particulièrement manipuler des formes, procurez-vous un jeu de lettres en trois dimensions. Ce genre de produit se vend dans les magasins spécialisés.

Encore une fois, il s'agit de faire des exercices de reconnaissance et de classement pour favoriser l'apprentissage de l'alphabet.

8. Utilisez toutes les ressources humaines de la maison: papa, maman, grand frère, grande sœur, grand-parent, etc. Cela motivera votre enfant et lui démontrera l'intérêt qu'on lui porte et l'importance que l'on accorde à l'apprentissage de la lecture.

• • •

En résumé, à cette étape de l'apprentissage de votre enfant, il faut l'amener à nommer et à reconnaître toutes les lettres de l'alphabet en rendant vos interventions variées et amusantes.

Enfin, il est préférable de faire plusieurs courtes séances d'apprentissage plutôt qu'une seule qui pourrait être trop longue et qui risquerait de démotiver votre enfant.

Chapitre III

La démarche actuelle en lecture

L'objectif de la lecture

L'objectif général actuellement en vigueur en ce qui concerne l'apprentissage de la lecture est la maîtrise progressive de «l'habileté à reconstruire le sens d'un texte» en tenant compte de l'intention de lecture et du type de texte lu.

Situation de lecture signifiante

Il est important de mettre votre enfant en présence de textes signifiants, c'est-à-dire qui ont un sens pour lui, dès les premiers jours de classe. Il faut donc lui faire lire des phrases qui répondent à un besoin réel de savoir chez lui. Comme l'adulte, le jeune lit pour s'informer, s'amuser, suivre un mode d'emploi, etc. C'est pourquoi la lecture doit être reliée aux besoins de la vie.

En agissant de la sorte, votre enfant comprend dès le départ que *lire, c'est donner un sens à un texte écrit.* D'autre part, son souci de comprendre ce qu'il lit réduit les risques d'erreurs de discrimination (par exemple, *danane* au lieu de *banane*), très fréquentes chez les lecteurs qui ne font que décoder des suites de mots écrits les uns à la suite des autres sans se soucier du sens.

Les étapes de la démarche

La démarche actuelle en lecture comprend trois parties importantes:
— la mise en situation;
— l'intention de lecture;
— l'objectivation de la lecture.

La mise en situation

Avant que l'enfant ne commence à lire un texte, il est important de l'y préparer. C'est au personnel enseignant ou aux parents qu'appartient ce rôle. La mise en situation est donc une préparation à la lecture.

L'adulte qui choisit une lecture a toujours une idée du texte qu'il parcourra. Par exemple, s'il opte pour un article dans le cahier des sports d'un journal, il ne s'attendra pas à voir les mêmes mots que s'il lit un article dans la section consacrée aux arts.

Cette prédisposition à voir apparaître certains mots facilite la lecture et en favorise grandement la compréhension. L'enfant doit pouvoir lui aussi bénéficier de cet avantage. C'est le premier but visé par la mise en situation.

Le deuxième but est de susciter l'intérêt de l'enfant à lire le texte qui lui est proposé.

Enfin, lors de la mise en situation, il faut faire part à l'enfant de l'intention de lecture. Voyons plus en détail de quoi il s'agit.

L'intention de lecture

Avant que votre enfant ne commence la lecture d'un texte, il est essentiel qu'il sache exactement ce qu'il devra y trouver et ce que vous attendez de lui.

Lorsque vous lui indiquez l'intention de lecture, vous l'informez de ce qu'il retrouvera dans le texte (par exemple, la date d'un événement), du projet qu'il devra réaliser par la suite (par exemple, un bricolage), etc.

Il est donc primordial qu'il ait bien compris ce qu'on attend de lui. Ne pas connaître l'intention au préalable ou ne pas la saisir peut empêcher l'enfant de comprendre le texte ou, du moins, rendre sa compréhension plus difficile.

Prenez l'exemple du texte suivant:

Les tortues

Il existe plusieurs sortes de tortues. Il y a la grosse tortue de mer qui vit dans l'eau salée. La tortue de mer a des nageoires comme le poisson. Il y a la petite tortue qui vit sur la terre. Il y a aussi la petite tortue qui vit dans l'eau. Il existe trois sortes de tortues.

Pour faire la mise en situation et informer votre enfant de l'intention de lecture, vous pourriez amorcer un court échange sur les tortues et ainsi susciter l'intérêt de votre enfant. Demandez-lui, par exemple, «Que connais-tu à propos des tortues?» et laissez-le s'exprimer quelques minutes sur le sujet. Votre rôle consiste à alimenter l'échange et à le rendre intéressant.

Par la suite, présentez l'intention de lecture. Bien entendu, vous devez avoir pris vous-même connaissance du texte préalablement.

Par exemple, pour le texte *Les tortues*, vous pourriez demander à l'enfant s'il sait combien il existe de sortes de tortues. L'intention de lecture est donc de trouver combien il existe de sortes de tortues.

Si l'enfant a répondu correctement à la question (il y a trois sortes de tortues), il découvrira alors dans le texte que son hypothèse est exacte. S'il a répondu autre chose, il verra que le texte infirme son hypothèse.

Si l'enfant a simplement reconnu qu'il ne savait pas combien il existe de sortes de tortues, il trouvera dans le texte l'information recherchée.

Dans le chapitre «Les types de textes», vous découvrirez plusieurs suggestions pour vous aider à formuler des intentions de lecture adaptées à chaque type de texte.

L'objectivation de la lecture

L'objectivation consiste à vérifier, d'une part, si votre enfant a réussi sa lecture et, d'autre part, s'il a éprouvé des difficultés avec certains mots ou certaines expressions.

Pour le texte *Les tortues*, l'enfant qui a formulé une hypothèse sur le nombre de sortes de tortues devrait être capable de dire si le texte confirme (le texte est d'accord avec lui) ou infirme (le texte n'est pas d'accord avec lui) son hypothèse.

Dans le cas où le texte infirme l'hypothèse de l'enfant, ce dernier devrait être capable de donner le nombre exact de sortes de tortues.

Dans le cas où l'enfant n'a pas formulé d'hypothèse (il ne savait pas le nombre), il devra, tout simplement, être capable de donner le nombre de sortes de tortues.

Même si l'enfant a réussi sa lecture, il se pourrait qu'il ait eu de la difficulté à lire et (ou) à comprendre certains mots ou certaines expressions. Posez-lui la question après chaque situation de lecture.

Si l'enfant n'a pas été capable de prononcer certains mots, aidez-le à les lire. S'il n'a pas compris le sens de certains mots ou de certaines expressions, expliquez-les-lui simplement.

Vous pouvez également aider votre enfant pendant sa lecture. Chaque fois qu'il s'apprête à lire un texte, rappelez-lui que vous êtes disponible s'il a besoin d'aide pendant la lecture pour décoder et pour comprendre certains mots ou expressions.

Lorsque votre enfant ne réussit pas sa lecture, il est particulièrement important de l'aider à décoder et à comprendre les mots ou expressions qui lui ont posé des difficultés.

Ensuite, invitez-le à relire le texte à la lumière de vos interventions.

Votre rôle comme parent est vraiment essentiel auprès de votre enfant qui apprend à lire.

Chapitre IV

Les types de textes

Tout au long de son cours primaire, votre enfant devra acquérir l'habileté à lire différents types de textes. Vous retrouverez dans ce chapitre la description des types de textes et la façon de les exploiter.

Chaque genre littéraire vise à mettre en valeur des habiletés différentes. La mise en situation et l'intention de lecture sont conçues en fonction de la sorte de texte que doit lire l'enfant. Pour mieux le préparer à la lecture, il est important que vous connaissiez les différents types de textes et la façon de les aborder.

Dans les pages qui suivent, nous verrons plus en détail chacun des trois types de textes suivants:

— les textes à caractère informatif;
— les textes à caractère expressif ou poétique;
— les textes à caractère incitatif.

Les textes à caractère informatif

Le but principal d'un texte à caractère informatif est, comme son nom l'indique, d'informer.

Voici quelques exemples de textes de ce type:

— articles de journaux ou de revues;
— affiches;
— reportages journalistiques;
— manuels scolaires;
— adaptations de faits historiques sous forme de récit;
— courtes biographies;
— dépliants d'informations;
— tout document écrit susceptible d'apporter des informations nouvelles.

Ainsi, après la lecture d'un texte de ce genre, votre enfant doit être capable de fournir l'information recherchée. À certaines occasions, il doit juger si le texte contient ou non les informations désirées.

L'enfant doit aussi se rendre compte (si c'est le cas) que le texte contient des informations qu'il connaissait déjà et d'autres, nouvelles pour lui.

Lors de la période d'objectivation, demandez à votre enfant de révéler quelles informations du texte il possédait déjà et lesquelles sont des nouveautés.

L'instrument suivant vous aidera, lors de la mise en situation, à formuler une intention de lecture et à diriger l'objectivation en fonction d'un texte à caractère informatif.

Guide pour l'objectivation

Texte à caractère informatif

Titre du texte: ______________________________

____

____

1. L'intention de lecture: ______________________________

____

____

2. Ce que je sais: ______________________________

____

____

   a) —— Le texte n'en parle pas.
   b) —— Le texte est d'accord avec moi.
   c) —— Le texte n'est pas d'accord avec moi.

3. Ce que j'aimerais savoir: ______________________________

____

____

   a) —— Le texte n'en parle pas.
   b) —— Réponse du texte: ______________________________

4. Ce que j'ai appris: ______________________________

____

____

____

____

____

____

Comment utiliser ce guide?

1. Inscrivez d'abord l'intention de lecture que vous avez retenue (point 1).

2. Profitez de l'échange lors de la mise en situation pour déterminer ce que l'enfant sait déjà sur le sujet (point 2). Il s'agit simplement d'inscrire une affirmation.

Après la lecture, lors de la période d'objectivation, amenez l'enfant à réaliser l'un des points suivants.

a) Le texte ne parle pas de l'information en question.

b) Le texte est d'accord avec l'affirmation en question.

c) Le texte n'est pas d'accord avec l'affirmation en question.

3. Enfin, consignez une information que l'enfant aimerait connaître sur le sujet traité. Si le texte n'en parle pas, donnez-lui le renseignement, dans la mesure du possible.

Il n'est pas nécessaire d'utiliser le guide au complet à chaque situation de lecture. Toutefois, n'oubliez pas que les différentes habiletés que le guide vous suggère de développer chez l'enfant feront l'objet d'une évaluation en classe.

Les textes à caractère expressif ou poétique

Contes, poèmes, chansons, cartes de souhaits, messages de remerciement, récits, légendes, bandes dessinées, fables, romans font tous partie du genre expressif ou poétique.

Le but de ce type de textes est d'exprimer ses sentiments ou de divertir. Vous n'aurez donc pas à formuler d'intention de lecture. Vous devez simplement susciter et encourager votre enfant à lire ce genre de textes.

Pour les textes à caractère ou expressif ou poétique, l'objectivation peut se dérouler à diverses étapes en cours de lecture. Par exemple, lorsque les élèves du deuxième cycle lisent un roman, l'objectivation peut être faussée si elle est faite à la fin seulement. La mémoire étant une faculté qui oublie... l'enfant pourrait ne pas être capable de donner une réponse à la question posée non pas parce qu'il n'a pas compris le texte mais parce qu'il ne se souvient plus de ce détail particulier.

Le guide d'objectivation qui suit vous suggère de développer plusieurs habiletés chez votre enfant. Il ne s'agit pas d'utiliser tous les éléments du guide à chaque situation de lecture. Il est préférable de n'en retenir que quelques-uns et de varier son choix d'une situation à l'autre.

Guide pour l'objectivation

Texte à caractère expressif ou poétique

Titre du livre ou du texte: ____________________

1. Autre titre: ____________________

2. Le(s) héros de l'histoire:

   ____

   ____

3. Le(s) personnage(s) que tu préfères.

   ____

4. Y a-t-il un (des) personnage(s) que tu détestes?

   ____

5. Attribue des caractéristiques physiques à un personnage. ____________________

6. Attribue des caractéristiques morales à un personnage.

   ____

7. Ressens-tu de la joie pour un ou des personnage(s)?

   ____

   ____

8. Ressens-tu de la tristesse pour un ou des personnage(s)?

   ____

9. À quel moment cette histoire se passe-t-elle? __________

   ____

10. Est-ce que cette histoire pourrait arriver dans la vraie vie?

    ____

11. Est-ce que tu recommanderais ce livre ou cette histoire à un ami ou une amie? Pourquoi? __________

    ____

    ____

    ____

Comment utiliser ce guide?

1. D'abord, invitez votre enfant à donner un nouveau titre au texte qu'il vient de lire. Un titre tout à fait hors contexte signale qu'il n'a pas vraiment compris le texte qu'il vient de lire.

2. Ensuite, demandez-lui d'identifier le ou les héros de l'histoire.

3. Troisièmement, amenez votre enfant à choisir parmi les différents personnages du texte celui ou ceux qu'il préfère. Demandez-lui de vous révéler pourquoi il aime particulièrement ce ou ces personnages.

4. Invitez maintenant votre enfant à s'exprimer sur le ou les personnages qu'il déteste et à justifier son point de vue. (Il se peut fort bien qu'il ne déteste aucun personnage de l'histoire.)

5. Demandez-lui d'attribuer une ou des caractéristiques physiques (il est grand, petit, moustachu, beau, il a les yeux bridés, etc.) à un personnage du texte. Ce peut être celui qu'il préfère, celui qu'il déteste, le héros du récit ou tout autre personnage.

6. Ensuite, amenez-le à attribuer des caractéristiques morales (il est gentil, méchant, courageux, bon, intrépide, peureux, sympathique, brave, etc.) à un personnage de l'histoire.

7. Septièmement, demandez à votre enfant s'il ressent de la joie pour un personnage, en raison de ce qui lui arrive dans l'histoire. Par exemple, il pourrait être heureux pour Pierre qui était égaré dans le bois mais qui a finalement retrouvé son chemin.

8. Invitez-le ensuite à dévoiler s'il ressent de la tristesse pour un personnage en raison de ce qui lui arrive dans l'histoire. Par exemple, il pourrait être malheureux pour Carole qui a perdu son chat.

9. Neuvièmement, votre enfant doit situer l'histoire dans le temps. Faites-lui spécifier le moment de la journée (matin, midi, soir, nuit, jour), la saison et l'époque.

10. Puis, amenez-le à juger si cette histoire appartient au monde réel (elle pourrait vraiment arriver) ou au monde imaginaire (elle ne pourrait pas vraiment se produire).

11. Enfin, demandez à votre enfant s'il recommanderait ou non ce livre, et pourquoi.

Les textes à caractère incitatif

Ce genre de textes doit amener le lecteur à poser certaines actions ou à avoir un comportement donné.

Les consignes, les règles de jeu, les affiches, les recettes, les invitations, les documents écrits visant à convaincre ou à persuader sont tous des textes à caractère incitatif.

Guide pour l'objectivation

Pour favoriser une meilleure compréhension de ces types d'écrits, classons-les en trois catégories.

1. La première catégorie comprend des textes qui amènent le lecteur à poser un ou des gestes précis. Les consignes, les règles de jeu et les recettes en sont de bons exemples.

L'objectivation de ce genre de textes est relativement simple: vérifier si l'enfant exécute correctement la consigne demandée, s'il est capable de jouer au jeu en question à partir de la lecture qu'il vient de faire, ou encore s'il est apte à préparer le plat indiqué dans la recette.

2. La deuxième catégorie est formée de cartes d'invitation. Pour ce type de textes, l'objectivation consiste à amener l'enfant à dire s'il accepte ou non l'invitation et à justifier sa décision.

3. Enfin, la troisième catégorie comprend les textes servant à persuader ou à convaincre, par exemple, une lettre rédigée pour inciter les élèves à participer aux jeux organisés pendant la récréation, certaines affiches, les éditoriaux, etc.

L'objectivation de ce type de textes consiste à amener l'enfant à réagir de quelque façon au message et à manifester s'il partage ou non les points de vue que le texte exprime.

Chapitre V

Les entrées en lecture

Les entrées sont des moyens que l'enfant emploie pour apprendre à lire; il utilisera encore ces trucs lorsqu'il sera devenu un lecteur accompli.

Pour lire efficacement, tout lecteur se doit de connaître et d'utiliser les différentes entrées. Votre connaissance à ce niveau accroîtra donc l'effet positif de vos interventions auprès de votre enfant.

Pour aider votre jeune dans son apprentissage de la lecture, faites-lui découvrir les différentes entrées et amenez-le à les utiliser lorsqu'il lit un texte.

Les entrées en lecture sont:

— les mots;
— le contexte;
— la syntaxe;
— les morphèmes;
— les syllabes;
— les lettres.

Voyons chacune d'elles plus en détail.

Le mot

Le mot est l'unité minimale à laquelle on peut donner un sens en lecture. Les parties de mots ou les syllabes seules n'ont pas de sens.

Il faut donc encourager l'enfant à aborder la lecture d'un mot dans sa totalité plutôt que par ses parties (syllabes ou lettres). L'enfant qui cherche des mots lit beaucoup plus rapidement et prend très tôt la bonne habitude de donner un sens à ce qu'il lit.

Par exemple, en voyant le mot «pantalon», le lecteur qui cherche des mots met 1/4 de seconde à l'identifier.

S'il n'a jamais vu ce terme, le lecteur tente alors de l'identifier par ses syllabes: «pan+ta+lon = pantalon». Cependant, la perception de chaque syllabe nécessitant 1/4 de seconde, il faut 3/4 de seconde à notre lecteur pour identifier les trois syllabes. Il doit donc consacrer un temps supplémentaire pour reconnaître le tout, soit «pantalon». Bref, cet exercice d'analyse et de synthèse qui conduit à l'identification du mot par syllabe prend au moins trois fois plus de temps qu'il n'en faut pour reconnaître le mot instantanément.

L'identification des mots lettre par lettre, quant à elle, est encore beaucoup plus longue.

Identifier le mot instantanément prend 1/4 de seconde.

pantalon

Identifier le mot par ses syllabes prend une seconde.

pan+ta+lon = pantalon

Identifier le mot par les lettres prend deux secondes et quart.

p+a+n+t+a+l+o+n = pantalon

Il est donc évident que l'habileté à identifier des mots de façon instantanée est vraiment la façon la plus rapide pour lire.

L'annexe A, «La banque de mots et d'images», à la page 111, vous aidera à augmenter la capacité de votre enfant à reconnaître des mots instantanément.

Le contexte

Le contexte est un élément important dans l'identification instantanée des mots et un excellent moyen de dépannage pour décoder les mots nouveaux. Il évite souvent au lecteur de recourir aux lettres, aux syllabes ou aux morphèmes[1] pour reconnaître un terme.

Par exemple, dans la phrase «Paul mange une pomme rouge», l'enfant qui a réussi à lire «Paul mange une ????? rouge» peut utiliser le contexte pour découvrir le mot inconnu. Il sait que ce terme est quelque chose qui se mange. Donc, il peut éliminer de sa recherche tout ce qui n'est pas comestible. D'autre part, il sait que ce mot inconnu représente un aliment de couleur rouge. Donc, il peut éliminer de sa recherche tout ce qui est d'une autre couleur.

L'enfant qui utilise le contexte réduit de beaucoup son travail. Il ne cherche pas un mot dans tout le vocabulaire mais seulement dans un ensemble restreint de termes.

La syntaxe

La syntaxe (l'ordre d'apparition des mots dans la phrase) est aussi une aide précieuse pour l'identification des termes.

Les enfants connaissent assez tôt la probabilité d'apparition de certains mots dans des structures données. Leur expérience déjà acquise de la langue parlée les aide à prévoir les mots susceptibles d'apparaître à la suite de ce qu'ils viennent de lire.

On entendra rarement un enfant dire: «Papa télévision la regarde.» Grâce à ce qu'il sait déjà, il connaît la bonne structure: «Papa regarde la télévision.»

Si nous reprenons la phrase «Paul mange une ????? rouge», l'enfant sait, grâce à sa connaissance de la syntaxe, que le mot recherché doit s'harmoniser avec l'article «une». Il éliminera donc dans sa recherche du mot inconnu tous les

1. Parties de mots.

mots que «une» ne peut déterminer. Par exemple, le mot «pamplemousse» sera éliminé de la recherche car il s'harmonise avec «un» et non pas avec «une». La syntaxe constitue donc pour l'enfant un excellent point de repère pour l'identification des mots.

Les morphèmes

Les morphèmes sont des parties de mots. Lorsqu'un enfant n'a pas réussi à lire un mot inconnu après avoir utilisé le contexte et la syntaxe, la comparaison de morphèmes peut s'avérer une aide utile.

Prenons pour exemple un jeune qui ne peut décoder le mot «étalon». Le rôle de l'aidant consiste à amener l'enfant à identifier une partie du mot «étalon» qu'il connaît déjà, par exemple «talon». L'enfant s'aperçoit aussi que «talon» est formé de la même suite de lettres que la fin du mot «pantalon». Sachant déjà lire l'association des lettres t+a+l+o+n, il peut déduire quelle sera la prononciation des phonèmes[1] dans «étalon». Il ne reste plus qu'à identifier la valeur sonore de «é» pour lire le mot au complet.

Les syllabes

Les syllabes sont des sons formés de plusieurs lettres.

Si votre enfant ne réussit pas à lire un mot après avoir utilisé le contexte, la syntaxe et la comparaison de morphèmes (parties de mots), l'analyse syllabe par syllabe sera l'étape suivante.

Par exemple, votre enfant ne réussit pas à lire le mot «macaroni».

Demandez-lui de consulter son carnet de syllabes et faites-lui remarquer que la première syllabe de macaroni,

1. Son formé de lettre.

soit «ma», est identique à la première du mot «maman», puis que la seconde syllabe, «ca», est identique à la première syllabe du mot «canard», et ainsi de suite. L'enfant qui est habitué à utiliser le contexte et la syntaxe n'aura besoin, très souvent, que d'identifier la première syllabe du mot inconnu.

Les lettres

Il va de soi que la capacité à identifier les lettres de l'alphabet est un préalable pour l'identification des mots.

La plupart du temps, après avoir identifié la première lettre d'un mot inconnu, l'enfant qui se sert du contexte et de la syntaxe sera capable de lire le mot nouveau.

• • •

L'utilisation des différentes entrées est indispensable. C'est grâce à elles que votre enfant réussit à identifier rapidement les mots qu'il connaît déjà et à lire les mots qui lui sont inconnus.

Chapitre VI

La manipulation des mots et des images

En première année, votre enfant est mis en présence d'une très grande quantité de mots nouveaux. Il faut donc classifier, consigner et manipuler ces mots régulièrement, surtout durant les premiers mois de l'année. La banque de mots vous sera utile pour construire une série d'exercices dont l'objectif est de favoriser la reconnaissance instantanée du plus grand nombre de termes possible.

C'est grâce à un processus de «globalisation» que l'enfant peut lire ses premiers mots. En fait, avant même de savoir comment T et C se prononcent, il peut reconnaître instantanément des termes comme «Passe-Partout», «Provigo» et «McDonald». L'enfant associe ainsi un ensemble de lettres à une réalité ou à son image. Pour lui, il est aussi facile et rapide de reconnaître un restaurant McDonald ou son image que d'identifier le mot «McDonald». Il associe le mot à l'image, processus qui se réalise naturellement, sans aucune formation particulière.

En début d'apprentissage, servez-vous de cette capacité naturelle à reconnaître un mot en l'associant à son image, pour amener votre enfant à lire instantanément le plus grand nombre de termes possible.

Exemple:

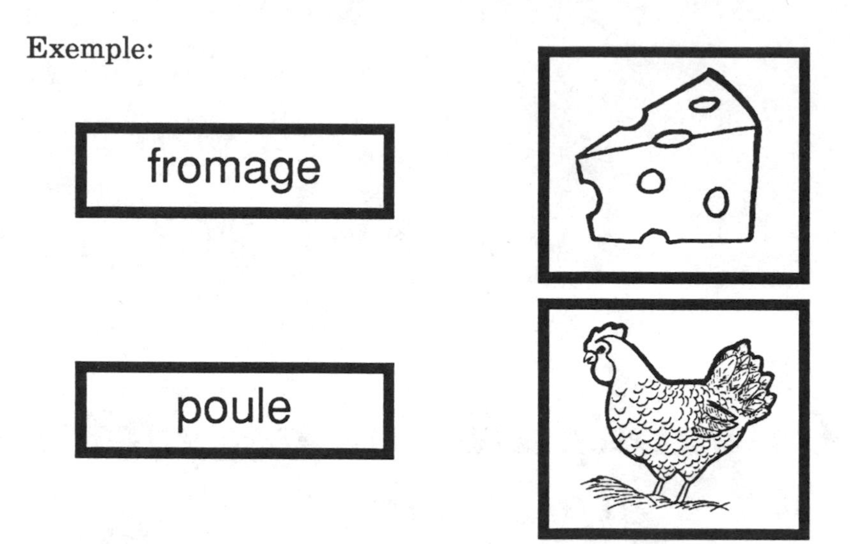

Ainsi, chaque fois que vous présenterez un mot nouveau à votre enfant, accompagnez-le de son image. Pour vous faciliter la tâche, vous trouverez en annexe une série de plus de quatre cents mots et les images correspondantes. Cette banque de mots et d'images vous sera précieuse pour votre travail à la maison.

Pour être capable de manipuler facilement les mots et leurs images, votre enfant a besoin d'un système de classification et d'un système de consignation. Voyons plus en détail ce que cela signifie.

La classification des mots

À la maison comme en classe, les mots doivent toujours être accompagnés de leurs images et classifiés par thèmes. Par exemple, les mots et les images qui désignent des fruits sont groupés ensemble, ceux qui illustrent des animaux entrent dans une catégorie particulière et ainsi de suite.

Exemple:

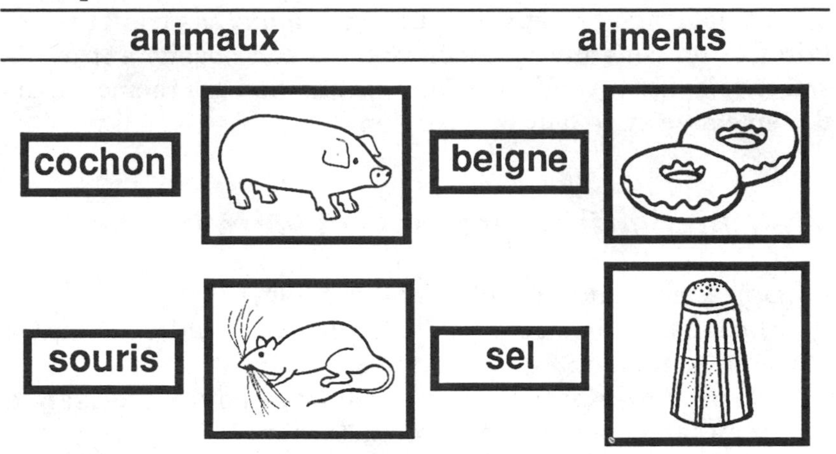

La consignation des mots

En classe, les mots et leurs images sont généralement consignés sur de grandes affiches que l'on fixe aux murs. Il y a une affiche pour les fruits, une autre pour les animaux, une autre encore pour les vêtements, etc. En première année, après quelques mois d'école, les murs sont littéralement tapissés d'affiches de toutes les couleurs.

Évidemment, à la maison, un tel système de consignation ne serait pas très pratique, compte tenu de l'espace qu'il exige! Vous devez donc utiliser à la place un album, ou spicilège (*scrap-book*). En plus de prendre peu d'espace, celui-ci a l'avantage de se transporter facilement.

Quels mots consigner dans l'album?

Il faut y entrer en priorité les mots vus en classe. La consignation doit être progressive; il est important de ne pas inclure dans l'album une trop grande quantité de mots à la fois. Veillez à respecter le rythme d'apprentissage de votre enfant pour ne pas l'apeurer. En examinant ses travaux scolaires et en vous informant auprès de son enseignant ou de son enseignante, vous aurez une bonne idée des thèmes abordés en classe et de leur progression.

Quand utiliser les mots et leurs images?

On accompagne les mots de leurs images:

a) pendant une situation de lecture, pour aider l'enfant à reconnaître un mot;

b) lors d'exercices de manipulation, pour favoriser la reconnaissance de mots de façon instantanée;

c) lors de situations d'écriture, pour aider l'enfant à orthographier un mot correctement.

Un autre aspect de votre rôle est de familiariser l'enfant avec l'utilisation de l'album de mots et d'images.

Cette familiarisation peut se faire à l'occasion de situations de lecture, d'écriture ou d'exercices de manipulation de mots.

L'enfant doit être capable de trouver rapidement une information dans son album. Il doit savoir qu'il verra le mot «jaune» dans la partie concernant les couleurs, le mot «tuque» dans celle qui a trait aux vêtements, etc.

Exercices de manipulation de mots

La lecture de textes signifiants est le meilleur moyen pour amener l'enfant à reconnaître de plus en plus de mots de façon instantanée. Il bénéficie alors du support du contexte et de la syntaxe. Cependant, plusieurs exercices ou jeux de lecture peuvent également favoriser chez l'enfant la reconnaissance instantanée de mots.

N.B.: Faites une photocopie de la banque de mots et d'images fournie en annexe. Une série de cette banque servira à garnir l'album de votre enfant; l'autre, à faire des exercices de manipulation de mots.

1. Découpez ou faites découper par votre enfant les étiquettes des mots et des images désignant les fruits vus en classe. Placez les images de fruits les unes sous les autres. Invitez votre bambin à disposer les mots à côté des images qui les représentent.

Dans ce type d'exercice, l'enfant ne peut utiliser la syntaxe pour l'aider à reconnaître un mot. Par contre, il peut se fier au contexte: puisqu'il travaille avec le thème des fruits, il ne cherche pas n'importe quels mots; il ne veut que ceux qui identifient des fruits. Cette restriction lui est d'une aide précieuse.

D'autre part, il est possible, surtout au début, que votre enfant ne reconnaisse pas tous les mots se rapportant au thème qui fait l'objet de la manipulation. Dans ce cas, invitez-le à regarder la première lettre du mot. Si l'identification de celle-ci ne lui suffit pas pour lire le mot inconnu, amenez-le à décoder celui-ci syllabe par syllabe. S'il ne peut le faire, invitez-le alors à procéder à une analyse lettre par lettre.

Ces exercices de manipulation ne doivent jamais être longs ni fastidieux. Cela pourrait décourager l'enfant et engendrer chez lui un sentiment d'incompétence.

N'oubliez pas que la lecture doit toujours être valorisante et stimulante. Lors d'un exercice de manipulation, l'analyse d'un ou de deux mots par syllabes ou par lettres est suffisante. Pour les autres mots que l'enfant ne reconnaît pas, il est préférable de l'inciter à consulter son album. Les mots y étant associés à leurs images, il n'aura pas de difficulté à reconnaître le terme inconnu.

Exemple:

2. Avec le même jeu de mots et d'images, placez cette fois les mots les uns sous les autres et invitez l'enfant à mettre les images vis-à-vis des mots correspondants.

3. Demandez à votre enfant de repérer un mot qui figure dans son album. En plus de favoriser la reconnaissance instantanée de mots, cet exercice aidera votre enfant à connaître et à utiliser rapidement son album.

4. Demandez à votre enfant de relier les mots qui suivent à la bonne image.

Exemple:

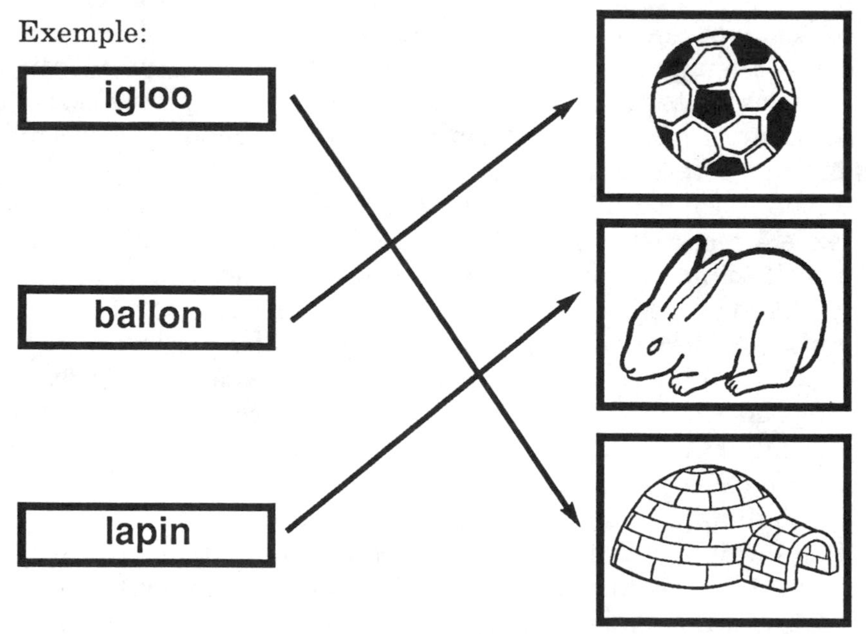

Pour les quatre premiers exercices, votre enfant travaille toujours avec des mots et les images correspondantes.

Au fur et à mesure que l'année avance, il a de moins en moins besoin des images pour lire les mots.

Pour évaluer sa progression, vous devez lui présenter les mots sans les images. Lorsque vous constaterez que votre enfant n'a plus besoin de ce support visuel pour reconnaître les mots consignés sous un même thème, il n'est plus nécessaire de lui fournir des images. Il les utilisera au besoin seulement. Travaillez davantage les thèmes dans lesquels votre enfant a le plus de difficultés.

5. Invitez votre enfant à dessiner ce que représentent les mots suivants.

pêche		maison	
chien		table	

6. Demandez à votre enfant de classer les mots suivants dans la bonne catégorie.

manteau	cuiller	rouge	foulard
noir	couteau	soulier	fourchette

Ustensiles

Couleurs

Vêtements

7. Après un certain temps, votre enfant aura consigné suffisamment de mots dans son album pour qu'il puisse travailler avec des phrases.

Formulez alors une phrase composée de mots qui y sont consignés. Rassemblez les étiquettes des mots qui forment cette phrase. Placez l'ensemble des étiquettes en désordre devant l'enfant.

Exemple:

«Papa mange une pomme rouge.»

Dictez-lui la phrase correctement et invitez-le à la reconstruire avec les étiquettes. Dans certains cas, il est plus pratique de se servir d'étiquettes vierges (page 263) que l'on remplit soi-même. Vous pouvez aussi placer la majuscule et le point dans la phrase dans le but de fournir des indices supplémentaires à l'enfant et de l'aider à se rappeler les rôles qu'ils jouent.

Lorsque votre enfant a de la difficulté à reconnaître un mot, incitez-le à consulter son album si les mots qui forment la phrase y ont tous été puisés. Par exemple, il trouvera le mot «rouge» dans la liste des couleurs, le verbe «mange» dans la liste des mots d'action, etc.

8. Invitez votre enfant à apporter des modifications à une phrase.

Par exemple, il pourrait changer certains éléments de la phrase «Papa mange une pomme rouge.» Voici quelques possibilités:

— Maman mange une pomme rouge.
— Je mange une pomme rouge.
— Pierre mange une pomme rouge.
— Papa mange une pomme verte.
— Papa mange une banane jaune.

Chapitre VII

Le décodage

Lorsqu'un enfant ne peut identifier un mot, même en s'aidant du contexte et de la syntaxe, et que ce mot ne fait pas partie de la banque de mots et d'images, il n'a d'autre choix que de recourir au décodage. En début d'apprentissage, l'enfant reconnaît très peu de mots. Il doit donc décoder la plupart d'entre eux.

Les connaissances relatives au décodage sont enseignées et travaillées à l'occasion d'une situation de lecture ou lors d'un exercice de manipulation de mots pour identifier une syllabe inconnue. L'apprentissage d'une nouvelle connaissance étant justifié (elle est nécessaire pour identifier un mot inconnu), l'enfant en comprendra l'utilité et la retiendra d'autant plus facilement. (On retient davantage une nouvelle information quand on en connaît l'utilité.)

En classe, le développement des connaissances au sujet des syllabes se déroule généralement comme il est illustré dans l'exemple suivant. À l'occasion d'une situation de lecture, les enfants ont de la difficulté avec la première syllabe du mot «cahier», ne sachant pas ce que fait l'association «c» et «a». Pour leur enseigner le son de la syllabe inconnue, l'enseignante demande aux élèves s'ils connaissent d'autres mots qui commencent par les mêmes lettres (c et a). L'un d'eux déclare que les deux premières lettres du mot inconnu (cahier) sont les mêmes que les deux premières lettres du mot «canard» qui figure sur l'une des affiches. L'enseignante confirme que la syllabe connue «ca» dans «canard» fait le même son dans «cahier».

Généralement, l'enfant qui a pris l'habitude de se servir du contexte ou de la syntaxe n'a pas à décoder davantage pour identifier le mot inconnu. La reconnaissance de la première syllabe lui suffit.

Si la syllabe inconnue ne se retrouve sur aucune affiche et qu'aucun élève ne propose de mot connu incluant cette association de lettres, l'enseignant ou l'enseignante prononce le son nouveau. Il ou elle invite ensuite les enfants à énumérer des termes où l'on retrouve la même syllabe et en écrit quelques-uns au tableau en soulignant la partie de mots à l'étude.

Pour aider l'enfant à retenir cette nouvelle connaissance, on bâtit une affiche qui lui servira par la suite d'aide-mémoire. Voici ce à quoi elle pourrait ressembler.

Exemple:

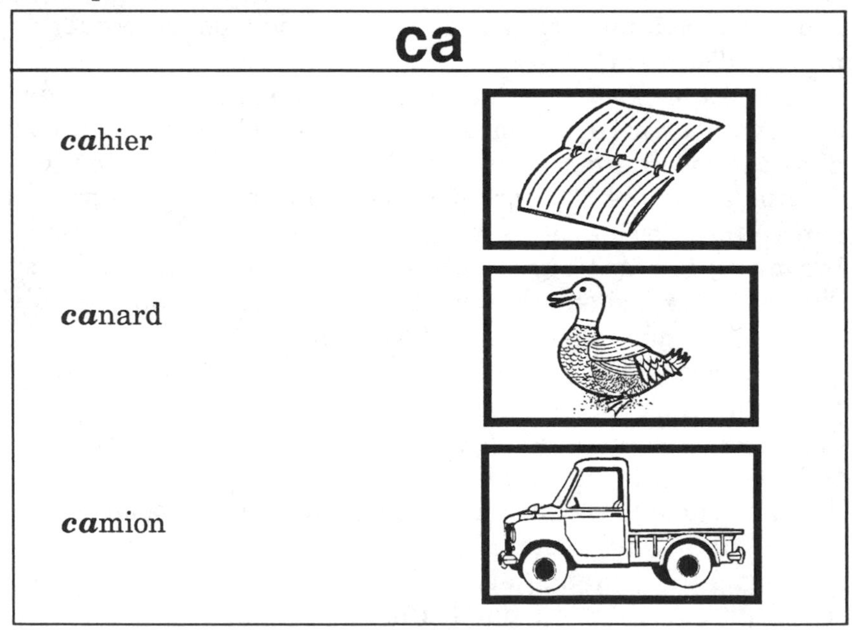

Il est préférable de mettre l'image du premier mot lorsque l'on bâtit l'affiche. Cela aide l'enfant à repérer l'affiche en cas de besoin et, par conséquent, à identifier rapidement la syllabe recherchée.

Ce système de référence est très utile pour l'élève: d'une part, s'il sait l'utiliser, il peut se débrouiller seul lorsqu'il doit identifier une syllabe inconnue; d'autre part, il peut s'y reporter en situation d'écriture pour orthographier certains mots.

À la maison, pour permettre à votre enfant d'avoir accès à un tel système, il est suggéré de bâtir un carnet de syllabes.

Mais attention! Il ne faut pas inonder l'enfant de nouvelles connaissances. Suivez plutôt le rythme adopté en classe. Donc, chaque fois qu'une nouvelle syllabe est enseignée à l'école, consignez-la dans le carnet conçu à cet effet. Si l'enfant s'interroge sur une syllabe qui n'a pas été vue en classe, donnez-lui tout simplement l'information sans inclure la nouvelle notion au carnet.

Toutes les syllabes ne feront pas l'objet d'un enseignement systématique de la part du personnel enseignant. Pour la majorité des élèves, un enseignement à propos de la syllabe «pa» sera suffisant pour qu'ils déduisent quels sons font les syllabes «pe», «pi», «po», etc.

Rappelez-vous que votre enfant n'a pas à apprendre par cœur le carnet de syllabes. Il doit l'utiliser lorsque la situation le justifie. Par exemple, en situation de lecture ou lors d'un exercice de manipulation de mots, il peut l'employer pour trouver le son que fait une syllabe inconnue; en situation d'écriture, il peut y vérifier une syllabe dont il ne connaît pas l'orthographe.

Vous trouverez en annexe un exemple de carnet de syllabes que vous pourriez bâtir avec votre enfant.

Chapitre VIII

Les opérations mentales

Lorsque l'enfant n'arrive pas à trouver l'information qu'il cherche, c'est, la plupart du temps, parce qu'il ne fait pas de lien entre ce qu'il cherche et ce qui est écrit dans le texte. Par exemple, il ne sera pas capable de déduire que l'action se passe en hiver à partir de la phrase suivante: «Sylvie met sa tuque, enfile ses bottes et ses mitaines et part pour l'école.»

Les enfants qui ne sont pas habitués à faire des liens peuvent éprouver de la difficulté à réussir certaines lectures. Par contre, l'enfant chez qui on forme l'habitude d'établir des liens aura plus de facilité à réussir ses lectures et pourra se débrouiller plus facilement dans d'autres matières, par exemple en mathématique, lorsqu'il fera de la résolution de problèmes.

Il est important de familiariser l'enfant avec les différentes opérations mentales et de mettre en valeur son habileté à s'en servir. Plus il utilise les différentes opérations mentales, plus il les maîtrise rapidement. Dans les situations de lecture signifiantes, entre autres, il est appelé à les exploiter.

Lorsque vous formulez une intention de lecture à votre enfant, vous devez donc tenir compte des différentes opérations mentales: le repérage, la sélection, le regroupement, l'inférence ou le jugement. Dans certaines circonstances, votre enfant devra faire appel à plusieurs opérations pour une même intention de lecture.

Voyons de façon plus détaillée ce que sont les différentes opérations mentales.

Le repérage

Le repérage est l'opération la plus simple. Il consiste à repérer, comme son nom le dit, dans un texte, les mots et (ou) les expressions qui se rapportent explicitement à l'information recherchée. Par exemple, dans le texte *Les tortues,* l'enfant qui cherchait le nombre de sortes de tortues n'avait qu'à repérer (c'est-à-dire à trouver), la phrase suivante: «Il existe trois sortes de tortues.» L'information recherchée y était donnée textuellement.

La sélection

Lorsque votre enfant doit trouver des informations figurant parmi d'autres qui n'ont pas trait à ce qu'il cherche, il doit sélectionner les éléments qu'il cherche. Autrement dit, il lui faut distinguer parmi les informations données celles dont il a besoin et celles dont il n'a pas besoin, compte tenu de son intention de lecture.

Prenons l'exemple du texte suivant:

Ma visite au zoo de Granby

Le premier animal que j'ai vu était un gros éléphant. Ensuite, j'ai pu voir des dauphins, des requins, des girafes, des canards, des poules, des renards, des tigres, des autruches, des singes, des oiseaux de toutes sortes, des lions...

Pierre

Dans ce texte, l'enfant qui cherche à identifier les animaux à quatre pattes que Pierre a eu l'occasion de voir, doit sélectionner parmi tous les animaux ceux qui entrent dans cette catégorie.

Le regroupement

Lorsque votre enfant doit repérer des informations dispersées dans le texte, il recourt au regroupement. Par exemple, s'il cherche dans une histoire le nom des villes visitées par l'auteur, il peut trouver une partie des informations au début du texte, une autre plus loin et une autre encore à la toute fin du récit.

Pour réussir sa lecture, l'enfant doit donc faire du regroupement pour réunir toutes les informations concernant les villes visitées.

L'inférence

Dans certaines situations de lecture, votre enfant est amené à inférer, c'est-à-dire à tirer une conséquence. Pour trouver l'information qu'il cherche, il fait appel à des connaissances qu'il a déjà ou à des informations qui sont données explicitement dans le texte. Ensuite, il établit le lien existant entre les connaissances qu'il possède, les informations contenues dans le texte et ce qu'il cherche.

Par exemple, pour connaître la saison durant laquelle se déroule l'action des phrases suivantes: «Ce matin, il neige beaucoup. Sylvie met sa tuque, enfile ses bottes et ses mitaines et part pour l'école», l'enfant doit établir le lien entre ses connaissances au sujet de l'hiver, les informations données par le texte et ce qu'il cherche. La connaissance qu'il a de l'hiver et les mots contenus dans le texte (neige, mitaine, tuque et bottes) devraient l'amener à déduire que cette histoire se passe durant cette saison.

Le jugement

Pour réussir certaines lectures, votre enfant doit porter un jugement. C'est le cas lorsqu'il doit différencier un fait d'une opinion ou d'un sentiment ou lorsqu'il doit distinguer le réel de l'imaginaire ou du fictif.

La lecture de textes à caractère expressif exige ce type d'opération.

Chapitre IX

Le déroulement d'une situation de lecture

Au début de la première année, l'enfant reconnaît très peu de mots. Il peut en lire quand même quelques-uns, et il en est très fier. Il reconnaît généralement son prénom (il l'a vu tellement de fois à la maternelle sur ses objets personnels et sur ses cahiers!), des mots comme «Passe-Partout», «McDonald», «Provigo», etc. Toutefois, la reconnaissance instantanée de ces quelques mots ne suffit pas pour qu'il puisse lire un texte sans aide.

Au début de l'apprentissage de la lecture, il faut donc faire lire l'enfant à haute voix et lui apporter l'aide dont il a besoin jusqu'à ce qu'il soit capable de lire silencieusement (généralement vers le mois de janvier). Même si l'enfant ne lit que quelques mots, cela ne veut pas dire qu'il faille lui faire lire n'importe quoi (par exemple, des parties de mots dépourvues de sens, comme les syllabes). Il ne faut pas oublier que l'objectif de la lecture est la recherche de sens de l'écrit et qu'il faut donner de bonnes habitudes à l'enfant dès le début de l'apprentissage. Il est important que, dès le départ, vous lui fassiez lire des textes signifiants en utilisant chaque fois la démarche de lecture suggérée à la page suivante et qui comprend les trois étapes suivantes:

a) la mise en situation;
b) l'intention de lecture;
c) l'objectivation de la lecture.

Voyons maintenant comment il faut procéder (en classe, comme à la maison) pour faire vivre à l'enfant des situations de lecture «signifiantes».

Après que vous avez fait la mise en situation et que vous vous êtes assuré que votre enfant a bien compris l'intention de lecture, présentez-lui le texte et invitez-le à le lire à haute voix en pointant chacun des mots tour à tour.

Lorsqu'il est incapable de reconnaître un mot, expliquez-lui comment il peut arriver à le lire. Pour ce, incitez votre enfant à utiliser les différents moyens ou trucs à sa disposition, soit, comme nous l'avons vu préalablement, le contexte, la syntaxe, la banque de mots et d'images, le décodage et le carnet de syllabes.

Si votre enfant ne réussit pas à lire le mot, même après avoir utilisé les moyens que vous lui avez suggérés, lisez-le-lui, tout simplement. Les connaissances de votre enfant à propos des entrées et du décodage étant très restreintes durant les premières semaines d'apprentissage, vous devrez prononcer la majorité des mots. C'est à force de lire des petits textes et de faire des exercices de manipulation de mots que votre enfant reconnaîtra instantanément de plus en plus de termes et qu'il augmentera ses connaissances au sujet des entrées et du décodage. En faisant preuve de patience et de compréhension, vous l'amènerez progressivement à la lecture silencieuse, pour son plus grand bonheur et sa plus grande satisfaction.

Aide-mémoire

Cet aide-mémoire vous rappelle les principaux aspects dont il faut tenir compte lors de vos interventions en lecture. Gardez-le à portée de la main.

Aide-mémoire	
• L'aspect affectif de la lecture	❑
• La situation de lecture signifiante	❑
• La mise en situation	❑
• L'intention de lecture	❑
• L'objectivation de la lecture	❑
• Les sortes de textes	❑
• Les entrées en lecture	❑
• Les opérations mentales	❑

La lecture silencieuse

Lorsque votre enfant reconnaît ou décode facilement la majorité des mots dans un texte, il est prêt à passer à la lecture silencieuse.

Ce type de lecture est beaucoup plus motivant et engendre chez l'enfant un sentiment de compétence. Il est recommandé de le faire lire silencieusement dès qu'il est prêt.

Vers la fin de l'année, l'enfant lit à haute voix seulement lorsque la situation le justifie. Dans la grande majorité des cas d'évaluation, l'enfant lit silencieusement.

La longueur des textes

En première année, l'enfant lit des textes dont le nombre de mots (les petits mots comme le, à, de, y compris) varie de 50 à 150.

Ensuite, le nombre de mots augmente progressivement. En début d'année, l'enseignante ou l'enseignant vous fera connaître les performances exigées de votre enfant pour qu'il soit promu au degré supérieur, l'année suivante.

En observant les conseils et la démarche en lecture proposés dans ce livre, vous augmenterez de beaucoup les chances de succès de votre enfant.

L'évaluation

Chaque fois que votre enfant vit une situation de lecture, que ce soit à la maison ou à l'école, la période d'objectivation sert d'évaluation. C'est à cette étape de la démarche que l'on constate si l'enfant a compris ou non le texte qu'il vient de lire. En vous servant des questions d'objectivation suggérées dans ce livre, vous développerez chez votre enfant les habiletés en lecture qui seront évaluées lors des examens en classe.

Où se procurer des textes?

Dans bien des cas, le personnel enseignant vous propose des textes adaptés au niveau de l'enfant. Cela permet aux parents de préparer à l'avance quelques situations de lecture.

Les bonnes librairies vous offrent également des livres préparés pour les enfants. Il existe sur le marché des ouvrages qui comprennent plusieurs textes traitant de différents sujets. N'hésitez pas à demander conseil au libraire pour un choix de lecture judicieux.

DEUXIÈME PARTIE

L'écriture

bateau

maison

banane

Chapitre X

La calligraphie

Au début de l'apprentissage de la calligraphie — c'est-à-dire l'art de bien former les caractères d'écriture —, l'élève apprend à reproduire les lettres séparément et, dès que possible, à les regrouper pour écrire des mots.

L'apprentissage des techniques calligraphiques doit se faire (dans la mesure du possible) lors de véritables situations d'écriture. L'enfant doit utiliser le plus tôt possible ses connaissances à ce sujet en écrivant des mots, des petites communications (Bonjour maman! Bonne journée papa! etc.) ou des phrases significatives.

Il n'est pas nécessaire de savoir écrire toutes les lettres de l'alphabet pour produire un message comme «Bonjour maman» ou «Bonjour papa». La production de telles communications est très valorisante pour l'enfant, cela le motive dans son apprentissage.

Généralement, c'est à partir des situations vécues en classe que le personnel enseignant détermine l'ordre d'apprentissage des lettres; il vous fera part de l'ordre choisi pour que vous puissiez seconder votre enfant à la maison.

Au début, c'est par un enseignement systématique qu'on apprend à l'élève le sens du tracé de la lettre à l'étude. Pour ce faire, on travaille sur de grandes surfaces, comme un tableau ou une feuille aux dimensions importantes; on ne réduit la calligraphie à un espace plus restreint (exercice beaucoup plus exigeant), comme le cahier, uniquement lorsque l'on est certain que l'enfant maîtrise bien le sens du tracé de la lettre et qu'il est capable de l'exécuter facilement sur une grande surface. Apprendre le sens du tracé des lettres et écrire dans de petits espaces sont deux apprentissages différents qu'il faut travailler à des étapes séparées.

Pour enseigner à l'enfant le sens du tracé d'une lettre, il faut écrire lentement la lettre sur un grand espace et l'inviter à exécuter le même tracé tout en lui expliquant le tracé utilisé. Il ne faut pas exiger la perfection de la forme au début; cela risquerait de décourager votre enfant.

En première année, l'élève apprend à former les lettres script minuscules et majuscules et à séparer les mots entre eux. En deuxième année, il poursuit les apprentissages amorcés l'année précédente et s'habitue à écrire dans différents formats. En troisième année ou vers la fin de la deuxième, il entame l'apprentissage de l'écriture liée. Il continue par la suite à perfectionner ses techniques calligraphiques jusqu'à la fin de son cours primaire.

Les lettres minuscules

Il est important que l'enfant apprenne le sens du tracé des lettres, car cette démarche le prépare à lier les lettres entre elles (écriture cursive).

La première colonne du tableau, à la page 68, illustre le sens du tracé que l'enfant doit observer. La position de départ est indiquée par un point et le point d'arrivée, par une flèche. La deuxième colonne représente le modèle final que devra reproduire l'enfant.

Les lettres majuscules

Les majuscules n'ont pas un tracé continu et sont exemptes de toute fioriture. Il est cependant important que l'enfant n'apprenne qu'une seule trajectoire. Le tableau de la page 69 illustre le sens du tracé de chaque majuscule.

Les chiffres

Les principes en vigueur pour l'apprentissage des lettres valent aussi pour l'apprentissage des chiffres. Vous trouverez dans le tableau de la page 70 des modèles de chiffres indiquant le sens du tracé qu'il est important de respecter.

Les lettres minuscules ***Sens du tracé***			
Sens du tracé	*Modèle reproduit*	*Sens du tracé*	*Modèle reproduit*
a	a	n	n
b	b	o	o
c	c	p	p
d	d	q	q
e	e	r	r
f	f	s	s
g	g	t	t
h	h	u	u
i	i	v	v
j	j	w	w
k	k	x	x
l	l	y	y
m	m	z	z

Les lettres majuscules

Sens du tracé

Les chiffres

Sens du tracé

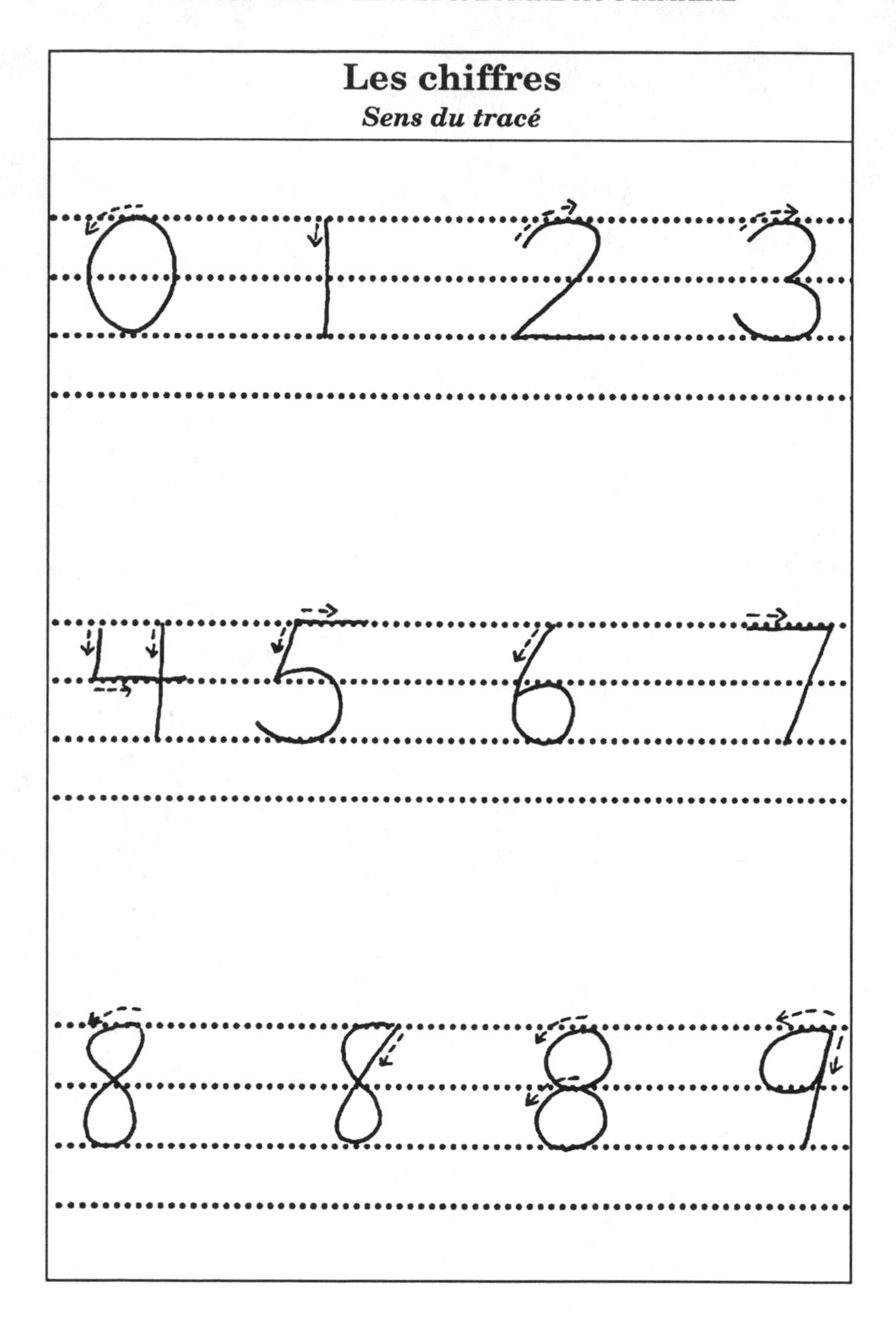

Votre enfant est gaucher? Que faire?

À six ans, l'enfant possède suffisamment d'expérience sur le plan moteur pour établir sa dominance manuelle. (La main avec laquelle il est le plus habile.)

Si vous avez des doutes, vous devez évaluer avec quelle main il se sent le plus à l'aise en lui faisant écrire un mot ou une phrase de la main droite, puis de la main gauche. Lorsqu'il écrit, vérifiez le temps de production, l'aisance avec laquelle il exécute ses mouvements et comparez la qualité des deux résultats. Cette petite expérience et un court échange avec votre enfant vous permettront, d'un commun accord, de choisir la main qui sera utilisée pour écrire.

La vitesse d'écriture chez le gaucher n'est pas moins rapide, habituellement, que chez le droitier. Être gaucher n'a rien d'un handicap et il ne faut pas lui proposer une façon différente de tracer les lettres.

La position pour écrire

Pour écrire, l'enfant doit adopter la position suivante: dos relativement droit, avant-bras sur la table, main gauche (ou droite pour les gauchers) qui tient la feuille en respectant un angle de 90 degrés. La feuille est inclinée vers la gauche pour le droitier et vers la droite pour le gaucher.

Comment tenir le crayon?

Pour bien tenir le crayon, les doigts doivent être placés près de la pointe, à environ deux centimètres de celle-ci. Il est important de sensibiliser l'enfant concernant la pression qu'il exerce sur le crayon: trop forte, elle entraîne rapidement la fatigue; trop faible, elle empêche un bon contrôle de l'instrument. Enfin, disons qu'il est préférable de faire glisser la main sur le papier, lorsque l'on trace des lettres, au lieu de la laisser immobile.

Que faire écrire au scripteur débutant?

Évidemment, les premières productions écrites de l'enfant ne sont pas très élaborées. Au tout début, il se contente de reproduire des lettres. Dès qu'il est capable d'en écrire quelques-unes, il les regroupe pour former des mots. Puis vient l'écriture de phrases et de textes.

Les premiers mots que l'on propose à l'enfant d'écrire doivent faire partie du vocabulaire qu'il connaît déjà. Les mots contenus dans la banque de mots et d'images (voir l'annexe A, à la page 111) sont un bon point de référence. Les phrases doivent être significatives. Même si les premières expériences de communications écrites de l'enfant sont parfois très courtes (un mot, par exemple), il est essentiel de lui fournir des occasions de faire lire aux membres de la famille ou à toute autre personne ses productions écrites.

Cela le motivera et l'encouragera à recommencer. Écrire en sachant que l'on ne sera pas lu n'a rien de motivant. Votre enfant pourrait, par exemple, conserver ses premières productions écrites dans un album qu'il pourra montrer, à sa grande joie, à ses parents et amis. Cela maintiendra son intérêt et sa motivation pour l'écriture.

Exercices pratiques

1. À partir de la banque de mots et d'images (présentée en annexe, page 111), choisissez quelques images de fruits et invitez votre enfant à en écrire le nom sous chacune d'elles. Cette démarche peut être utilisée avec les différents thèmes (animaux, légumes, parties du corps, etc.).

2. Invitez votre enfant à:

a) écrire les noms de différents membres de sa famille accompagnés de leur photo;

b) dresser la liste de ses amis accompagnée de leur numéro de téléphone;

c) écrire un souhait, par exemple: «Bonne fête»;

d) écrire un petit mot, par exemple: «Bonjour Papa».

Bref, il faut utiliser toutes les situations qui justifient l'écriture et les adapter à l'enfant.

Exemples:

Chapitre XI

La démarche actuelle en écriture

L'objectif de l'écriture

L'objectif principal de l'écriture est la maîtrise progressive de «l'habileté à communiquer» en utilisant l'écrit.

Les objectifs minimaux terminaux

À la fin de chaque année de son cours primaire, votre enfant doit avoir acquis un certain nombre de connaissances et d'habiletés pour passer au degré supérieur. C'est ce qu'on appelle «exigences minimales».

• À la fin de la première année, votre enfant doit être capable de reproduire d'après un modèle un court message signifiant (par exemple: Michel joue au ballon.) qui puisse être lu aisément, et de construire une phrase à partir d'un ensemble de mots fournis en les utilisant tous ou quelques-uns seulement; il doit mettre une majuscule au début et un point à la fin.

Exemple de modèle à exécuter à partir d'étiquettes:

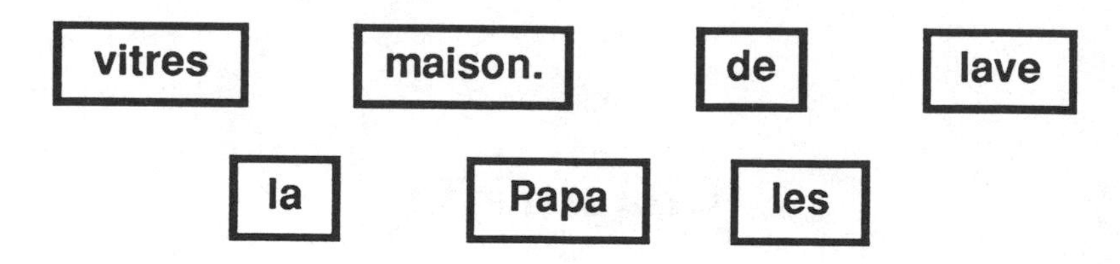

À partir des étiquettes (mots) l'enfant devrait construire la phrase suivante: **Papa lave les vitres de la maison.**

- À la fin de la deuxième année, votre enfant doit être capable de rédiger un texte de deux à cinq phrases simples sur un sujet donné.
- À la fin de la troisième année, votre enfant doit être capable de composer un texte à caractère expressif, incitatif ou informatif comprenant de trois à six phrases.
- À la fin de la quatrième année, votre enfant doit être capable de rédiger un texte à caractère expressif, incitatif, informatif, poétique ou ludique comprenant de six à dix phrases.
- En cinquième et en sixième années, votre enfant doit être capable de rédiger des textes à caractère expressif, incitatif, poétique ou ludique d'une longueur variable selon l'intention d'écriture.

Situation d'écriture signifiante

Votre enfant comprendra le sens de l'écriture et lui accordera de l'importance dans la mesure où il vivra des situations d'écriture signifiantes. Vivre de telles situations d'apprentissage engendre beaucoup de motivation chez les élèves. Et, comme on le sait, la motivation est un facteur de réussite très important en ce qui a trait aux apprentissages scolaires.

Écrire devient signifiant lorsque la situation le justifie, que le texte s'adresse à un interlocuteur réel; on écrit alors «pour vrai». Adresser un texte à une personne ou à un groupe de personnes fictives n'a pas d'intérêt réel. Faire vivre des situations d'écriture fictives à votre enfant le désintéressera de l'écriture. Si vous voulez maintenir son intérêt, proposez-lui des situations signifiantes, intéressantes et adaptées à ses capacités.

Les étapes de la démarche

La démarche actuellement proposée en milieu scolaire en écriture comprend trois étapes importantes:

a) la mise en situation;
b) l'intention d'écriture;
c) l'objectivation.

La mise en situation

Mettre votre enfant en situation d'écriture signifie le préparer à cette activité en lui donnant le goût de réaliser une communication écrite. Par exemple, un moment d'échange avec lui sur le fait que tante Lucie n'a pas reçu de nouvelles de la famille dernièrement pourrait facilement le convaincre et lui donner le goût de lui écrire un petit mot.

L'intention d'écriture

Avant que votre enfant ne commence sa production écrite, assurez-vous qu'il sait à qui il écrit et dans quel but. On peut écrire pour informer, persuader, expliquer, amuser, etc. Dans l'exemple donné précédemment, il rédigera un court texte pour informer (intention d'écriture) tante Lucie.

L'objectivation

La période d'objectivation sert à évaluer avec l'enfant si la production qu'il a réalisée est conforme à l'intention de départ. C'est aussi le moment de vérifier si le texte comporte des erreurs de formulation, d'orthographe, de grammaire, etc.

Chapitre XII

Qu'est-ce qu'écrire?

Savoir écrire ne consiste pas seulement à ne pas faire de fautes! Cela signifie également acquérir des habiletés, des connaissances et certaines techniques.

Lorsque vous aidez votre enfant dans ses apprentissages en écriture, vous devez tenir compte de ces trois aspects. Ainsi, l'évaluation de l'habileté à écrire de votre enfant ne portera pas exclusivement sur sa capacité d'orthographier correctement; elle tiendra compte aussi de l'ensemble des habiletés et des connaissances acquises et des techniques qu'il possédera. Lors de l'évaluation en classe d'une production écrite, la répartition des points se fait comme suit: environ 60 % sont attribués pour les habiletés; 30 %, pour les connaissances; 10 %, pour l'utilisation des techniques.

Examinons de plus près chacun de ces aspects.

Les habiletés en écriture

Le choix des informations

Lorsque votre enfant écrit un texte, il doit choisir les informations et le vocabulaire en fonction de l'intention d'écriture et de la personne ou du groupe à qui il écrit. Le texte doit comprendre les informations qui servent à atteindre l'intention d'écriture et ne pas être encombré de détails inutiles.

La formulation des informations

Le scripteur doit veiller à formuler des phrases bien structurées qui ne portent pas à confusion.

L'organisation des informations

L'ordre d'apparition des informations est aussi très important. Les renseignements contenus dans un texte doivent s'enchaîner logiquement de façon à rendre le message clair.

Les connaissances en écriture

Évidemment, toutes les connaissances nécessaires pour bien écrire ne peuvent être acquises en une seule année. Les connaissances que l'élève doit posséder à la fin de son cours primaire sont donc échelonnées sur les six ans.

L'orthographe d'usage

Chaque année, l'enfant doit apprendre à orthographier correctement une certaine quantité de mots nouveaux. À la fin de la première année, il doit savoir orthographier par cœur 75 mots; à la fin de la deuxième, le compte s'élève à 200 mots (comprenant ceux de la première année); à la fin de la troisième année, c'est 500 mots (incluant les 200 appris précédemment); à la fin de la quatrième, il doit en connaître 900 en tout; à la fin de la cinquième, son vocabulaire atteint 1400 mots et, en sixième année, l'élève doit être capable d'orthographier correctement 2000 mots au total.

Votre enfant doit pouvoir écrire ces «mots de vocabulaire», comme on les appelle à l'école, sans aucune aide; autrement dit, il doit en connaître l'orthographe par cœur.

Plus votre enfant est mis en contact avec la lecture et l'écriture, plus vite il apprendra le vocabulaire enseigné. L'apprentissage systématique de ces mots par des exercices de mémorisation donne également de bons résultats.

À chaque début d'année, le personnel enseignant fournit aux élèves la liste des mots qu'ils devront apprendre.

L'orthographe grammaticale

En plus des connaissances relatives à l'orthographe d'usage, votre enfant doit acquérir des connaissances grammaticales, c'est-à-dire apprendre les accords en genre et en nombre, la conjugaison des verbes, la distinction des homophones.

Comme il a été mentionné précédemment, l'enfant ne peut apprendre en une seule année toutes les règles nécessaires pour bien écrire. Les différentes connaissances relatives à la grammaire, à la conjugaison et aux homophones sont donc introduites graduellement tout au long du cours primaire.

L'enseignement de ces notions de français passe par trois étapes. D'abord, on lui présente une règle; puis, on lui laisse un certain temps pour l'apprendre et la mettre en application; finalement, à la troisième étape, il doit être capable d'utiliser la notion enseignée.

En situation d'écriture, selon le niveau scolaire de votre enfant, le personnel enseignant met l'accent sur les connaissances qui doivent être acquises selon le programme du ministère. Les autres notions sont tout simplement présentées à l'enfant sans faire l'objet d'une évaluation.

Les apprentissages se font progressivement. Placer l'enfant devant une trop grande quantité de connaissances à apprendre le décourage et réduit l'efficacité de l'enseignement.

Les tableaux qui suivent vous indiquent à quel niveau du cours primaire s'amorce l'enseignement des différentes connaissances, combien de temps elles feront l'objet d'apprentissage et, enfin, à quel moment elles doivent être bel et bien acquises. Les lettres D, A et M, que vous retrouvez dans les tableaux signifient respectivement: Début de l'enseignement; moment d'Apprentissage; et Maîtrise de la connaissance.

L'accord en genre et en nombre

Vous verrez souvent l'abréviation «dét.» qui signifie «déterminant». Ce terme désigne les articles (le, la, des, etc.), les adjectifs démonstratifs (cette, cet, ces, ce, etc.), les adjectifs possessifs (ma, ton, ses, leurs, etc.), les adjectifs numéraux (deux, cinq, dix, cent, etc.) et les adjectifs indéfinis (certains, tout, quelques, etc.).

Tableau des accords

	1	2	3	4	5	6
1. Accord en genre a) dans les groupes fonctionnels suivants, qu'ils soient placés avant ou après le verbe:						
• dét. fém + adj. fém. + nom fém. ex.: Ma grande amie.		D	A	A	M	M
• dét. fém. + nom fém. + adj. fém. ex.: La fleur blanche.		D	A	A	M	M
• dét. fém. + adj. fém. + nom fém. + adj. fém. ex.: La belle fleur blanche.		D	A	A	M	M

Tableau des accords

	1	2	3	4	5	6
• dét. fém. + adj. fém. + adj. fém. + nom fém. ex.: Une belle grande fleur.		D	A	A	M	M
• dét. fém. + nom fém. + adj. fém. + conj. + adj. fém. ex.: La robe longue et soyeuse.				D	A	M
b) dans les structures suivantes:						
• dét. fém. + nom fém. (ou nom propre ou pronom) + verbe être + adj. fém. (ou part. passé) ex.: La maison est grande.			D	A	A	M
• dét. fém. + adj. fém. + nom fém. + verbe être + adj. fém. (ou part. passé) ex.: La grande fleur est blanche.				D	A	M
• dét. fém. + nom fém. + adj. fém. + verbe être + adj. fém. (ou part. passé) ex.: La fleur blanche est grande.				D	A	M
2. Accord en nombre ou en genre et en nombre a) dans les groupes fonctionnels suivants, qu'ils soient placés avant ou après le verbe:						
• dét. plur. + nom plur. ex.: Les pommes.	D	A	A	M	M	M
• dét. plur. + nom plur. + adj. plur. ex.: Les arbres géants.	D	A	A	M	M	M

Tableau des accords						
	1	2	3	4	5	6
• dét. plur. + adj. plur. + nom plur. ex.: Les belles pommes.	**D**	**A**	**A**	**A**	**M**	**M**
• dét. plur. + adj. plur. + nom plur. + adj. plur. ex.: Les belles pommes rouges.			**D**	**A**	**A**	**M**
• dét. plur. + adj. plur. + adj. plur. + nom plur. ex.: Les belles grosses pommes.			**D**	**A**	**A**	**M**
• dét. plur. + nom plur. + adj. plur. + conj. + adj. plur. ex.: Les pommes rouges et rondes.				**D**	**A**	**M**
b) dans les structures suivantes:						
• dét. plur. + nom plur. (ou pronom) + verbe être + adj. plur. (ou part. passé) ex.: Les pommes sont rouges.			**D**	**A**	**A**	**M**
• dét. plur. + nom. plur. + conj. + dét. + nom plur. + verbe être + adj. plur. (ou part. passé) ex.: Les pommes et les cerises sont rouges.				**D**	**A**	**M**
• dét. plur. + adj. plur. + nom plur. + verbe être + adj. plur. (ou part. passé) ex.: Les belles pommes sont rouges.				**D**	**A**	**M**
• dét. plur. + nom plur. + adj. plur. + verbe être + adj. plur. (ou part. passé) ex.: Les pommes rouges sont bonnes.				**D**	**A**	**M**
• dét. sing. + nom sing. + conj. + dét. sing. + nom sing. + verbe être + adj. plur. (ou part. passé) ex.: La pomme et la cerise sont juteuses.					**D**	**A**

D = Début de l'enseignement
A = Moment d'apprentissage
M = Maîtrise de la connaissance

La ponctuation

Tableau de ponctuation	1	2	3	4	5	6
• Majuscule	D	A	M	M	M	M
• Point	D	A	M	M	M	M
• Point d'interrogation	D	A	M	M	M	M
• Point d'exclamation				D	A	A
• Virgule marquant l'énumération	D	A	A	A	M	M
• Deux points et guillemets					D	A

D = Début de l'enseignement
A = Moment d'apprentissage
M = Maîtrise de la connaissance

La conjugaison

En ce qui concerne la conjugaison des verbes, l'élève fait aussi un apprentissage progressif. La façon actuelle d'enseigner la conjugaison est un peu différente de ce que vous avez connu.

L'enfant n'apprend pas de façon systématique à conjuguer un verbe à toutes les personnes à plusieurs temps. On lui montre plutôt à conjuguer quelques verbes en utilisant progressivement certaines personnes et certains temps.

En conjugaison, nous parlons donc de personnes, de finales des verbes et de temps. Dans le tableau qui suit, la mention «temps usuels» comprend le présent, l'imparfait, le futur simple, le passé composé et le futur antérieur de l'indicatif ainsi que le présent du conditionnel.

Tableau de conjugaison								
Personnes	*Finales*	*Temps*	1	2	3	4	5	6
Je	e, s, x, ai	usuels			**D**	**A**	**A**	**M**
tu	s, x s, e, a	usuels impératif			**D**	**A**	**A**	**M**
Il, elle, nom sing., nom propre	e, t, d, a t, a	usuels passé simple			**D**	**A**	**A**	**M**
On, nom collectif	e, t, d, a t, a	usuels passé simple			**D**	**A**	**A**	**M**
Qui (+ verbe à la 3 pers. sing.)	e, t, d, a	usuels			**D**	**A**	**A**	**M**
Nous	ons	usuels			**D**	**A**	**A**	**M**
Vous	ez	usuels impératif			**D**	**A**	**A**	**M**
Ils, elles, nom plur., combinaison de plusieurs noms communs ou propres)	ent	ind. présent ind. imparfait conditionnel prés.			**D**	**A**	**A**	**M**
		passé simple			**D**	**A**	**A**	**M**
	ont	présent futur simple			**D**	**A**	**A**	**M**

D = Début de l'enseignement
A = Moment d'apprentissage
M = Maîtrise de la connaissance

Les homophones

Les homophones sont des mots qui se prononcent de la même façon mais qui n'ont pas le même sens ni la même orthographe. Ce sont, en fait, ce que nous appelions autrefois des «homonymes».

Tableau des homophones						
	1	2	3	4	5	6
• à/a, mes/mais, son/sont, m'a/ma, l'a/la, t'a/ta, m'ont/mon			**D**	**A**	**M**	**M**
• où/ou, peu/peut/peux, ces/ses, qui/qu'il				**D**	**A**	**A**
• on/on n', cet/cette, s'en/sans, d'en/dans, n'y/ni, c'est/s'est, se/ce					**D**	**A**
• terminaisons homophoniques des verbes: é/er/ez ex.: Il a regardé. Maman lui demande de regarder. Vous regardez.			**D**	**A**	**A**	**M**

D = Début de l'enseignement
A = Moment d'apprentissage
M = Maîtrise de la connaissance

Les techniques

Les techniques comprennent la calligraphie (voir le chapitre X à la page 65 pour plus de détails) et l'utilisation des ressources.

L'utilisation des ressources

L'utilisation des ressources est un facteur de réussite très important en écriture. L'enfant qui possède cette technique a accès en tout temps à une grande quantité d'informations et, par le fait même, s'avère beaucoup plus autonome en situation d'écriture. Il faut former très tôt chez l'enfant l'habitude de consulter les ressources à sa disposition.

Même si la consultation systématique du dictionnaire, des tableaux de conjugaison et de la grammaire ne figure pas au programme scolaire avant la troisième année, les élèves de première et de deuxième sont tout de même initiés graduellement à l'utilisation de ressources pour les aider dans leur tâche en écriture. Parmi celles-ci, mentionnons la banque de mots et d'images dans laquelle ils peuvent vérifier l'orthographe de plusieurs mots, le carnet de syllabes dans lequel ils peuvent trouver l'orthographe de plusieurs syllabes, les différentes affiches en classe ou à la maison, etc.

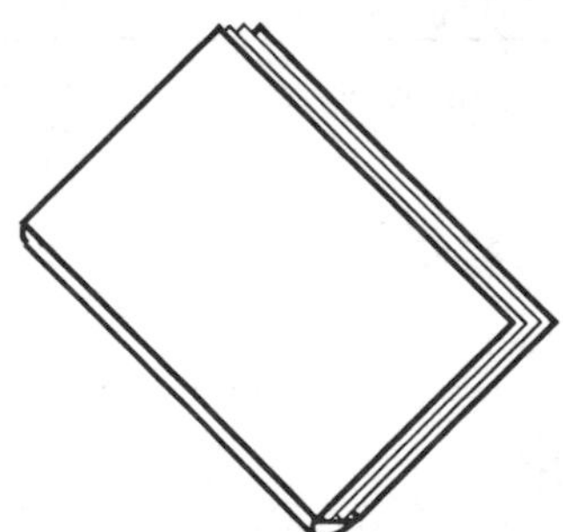

Le dictionnaire

Dès la troisième année, le personnel enseignant initie l'enfant à l'utilisation du dictionnaire pour trouver l'orthographe d'un mot. Il le sensibilise également au fait que la première syllabe du mot cherché peut s'écrire de différentes façons. Par exemple, on prononce de la même façon la première syllabe des mots «enfant», «ancien» et «hangar» mais on les écrit différemment.

Le premier dictionnaire avec lequel votre enfant est en contact à l'école est adapté à son âge. Si vous désirez lui acheter un dictionnaire pour la maison, informez-vous auprès de son enseignant ou de son enseignante. Il est préférable que votre enfant utilise chez vous le même dictionnaire qu'à l'école.

Les tableaux de conjugaison

L'utilisation des tableaux de conjugaison constitue une aide précieuse pour écrire correctement la finale de certains verbes. L'école fournit à votre enfant ces tableaux ou un livre comprenant l'ensemble des informations nécessaires pour conjuguer les verbes correctement. Encouragez-le à recourir à ces ressources pour la conjugaison et, si nécessaire, aidez-le à comprendre la façon de les utiliser.

La grammaire

La grammaire s'avère un support très efficace pour les élèves. Encouragez-les à l'utiliser et, au besoin, aidez-les à en comprendre le fonctionnement.

Bien qu'il n'y ait pas de grammaire en première année ni en deuxième, le personnel enseignant initie tout de même les enfants à certaines notions grammaticales, telles que l'accord en genre et en nombre. Pour fournir aux élèves de première et de deuxième années un outil de référence en remplacement de la grammaire (dont l'utilisation est beaucoup trop complexe pour des bambins de six ou sept ans), l'on recourt à des affiches, pour la classe et à l'album, pour la maison. Cette façon d'illustrer et de consigner les notions grammaticales se poursuit au-delà de la deuxième année en ce qui a trait aux règles relatives à l'accord en genre et en nombre, aux homophones et à la conjugaison des verbes.

La grammaire des élèves du deuxième cycle est construite à partir des principes utilisés dans la confection des affiches. Les notions grammaticales concernant les accords en genre et en nombre, la conjugaison des verbes et les homophones sont expliquées à l'aide d'exemples concrets. Voici à quoi ressemblent ces différentes affiches ou ces tableaux.

AFFICHE POUR L'ACCORD EN NOMBRE		
La couleur	*Le soulignement*	*Les flèches*
Les pomme**s**	Les pommes	Les pommes
Les poire**s**	Les poires	Les poires

Dans l'affiche ci-dessus, la couleur, le soulignement et les flèches indiquent à l'enfant que, dans le groupe fonctionnel «dét. plur. + nom plur.» (ex.: les pommes), le mot «pommes» prend un «s» à la fin.

La notion grammaticale et le fonctionnement de l'affiche sont expliqués à l'enfant, il va de soi, avant que celle-ci ne soit exposée en classe. Généralement, la construction des affiches se fait à partir d'un besoin réel (les enfants ont à écrire «les pommes») et avec la participation des élèves. En consignant dans un album les informations grammaticales, votre enfant peut y avoir accès à la maison. Cela engendre chez lui l'habitude de consulter les différentes ressources à sa disposition lorsqu'il est en situation d'écriture.

Voici plusieurs autres exemples d'affiches.

AFFICHE POUR L'ACCORD EN NOMBRE		
Singulier e	=	Pluriel es
La pomme La poire La banane		Les pommes Les poires Les bananes

L'affiche rappelle à l'enfant qu'il faut mettre un «s» à la fin des mots lorsqu'ils sont au pluriel.

N.B.: Les catégories de mots qui ne suivent pas la règle générale pour la formation du pluriel font l'objet d'affiches particulières.

AFFICHE POUR L'ACCORD EN NOMBRE		
Singulier al	=	Pluriel aux
un journal un animal un hôpital		des journaux des animaux des hôpitaux

L'affiche rappelle à l'enfant que la formation du pluriel des mots terminés par «al» au singulier ne suit pas la règle générale et lui montre cette règle particulière.

AFFICHE POUR L'ACCORD EN GENRE	
Masculin	Féminin
noir grand gris	noire grande grise

L'affiche rappelle à l'enfant que les adjectifs prennent un «e» à la fin lorsqu'ils sont au féminin.

N.B.: Les catégories de mots qui ne suivent pas la règle générale pour la formation du féminin font l'objet d'affiches particulières.

AFFICHE POUR L'ACCORD EN GENRE		
Masculin ier	=	Féminin ière
premier dernier fermier		première dernière fermière

L'affiche rappelle que la formation du féminin des mots terminés par «ier» au masculin ne suit pas la règle générale et explique cette règle particulière.

AFFICHE POUR LES HOMOPHONES
ces — ses
Ces patins sont à Jacques. Jacques met ses patins. Ces plantes sont belles. Julie arrose ses plantes. Ces ciseaux sont à Pierre. Pierre découpe avec ses ciseaux.

L'affiche rappelle à l'enfant que, selon le cas, il faut écrire «ces» ou «ses».

AFFICHE POUR LA CONJUGAISON	
Je	
(er)	(ir)
Je parle Je mange Je regarde	Je finis Je grandis Je réagis

L'affiche rappelle à l'enfant que les verbes du premier groupe conjugués au présent de l'indicatif et dont le sujet est «je» se terminent par «e» et que ceux du deuxième groupe se terminent par «s».

N.B.: Les verbes dont la conjugaison est irrégulière feront l'objet d'affiches ou de tableaux particuliers.

Chapitre XIII

Les types de productions écrites

À la fin de son cours primaire, votre enfant doit être capable de produire différentes sortes de textes. Chaque type de production écrite sollicite des habiletés différentes chez l'enfant. Il faut donc varier le choix des productions écrites pour développer toutes ces habiletés.

On regroupe les différentes productions écrites dans quatre catégories:

— les textes à caractère expressif;
— les textes à caractère informatif;
— les textes à caractère incitatif;
— les textes à caractère poétique ou ludique.

Les textes à caractère expressif

L'enfant rédige un texte à caractère expressif dans l'intention d'exprimer ses sentiments, ses émotions et ses goûts.

La carte (de souhaits, de remerciements, etc.), les graffiti, l'autoportrait, la lettre (amitié, remerciement, invitation, lettre ouverte, etc.), le message interpersonnel (billet, note, etc.), et le récit (voyage, événement, aventure, etc.) sont des textes qui permettent à l'enfant d'exprimer ses sentiments, ses émotions et ses goûts.

Les textes à caractère incitatif

Lorsque votre enfant rédige un texte à caractère incitatif, son intention est de faire agir, de convaincre ou de persuader une personne ou un groupe de personnes. Il utilise à ce moment-là l'affiche, la consigne, le formulaire, les instructions, la lettre (invitation...), le message publicitaire, la petite annonce, la pétition, le questionnaire, le règlement, le télégramme, etc.

Les textes à caractère informatif

Lorsque votre enfant compose un texte à caractère informatif, son intention est, comme le mot le dit, d'informer une personne ou un groupe de personnes. Il utilise alors, l'affiche, l'article (journal de classe, d'école, local, etc.), la bibliographie, la biographie, le compte rendu (visites, événements, lectures, recherches, etc.), le formulaire (remplir...), les instructions, la légende (en bas d'illustration), la lettre (affaires), les notes de cours, le portrait (ami, compagnon, etc.), la présentation, le questionnaire (répondre à...), le télégramme, etc.

Les textes à caractère poétique ou ludique

L'enfant rédige un texte à caractère poétique ou ludique avec l'intention de créer, d'inventer, d'imaginer ou de jouer avec des mots. Il utilise alors, la bande dessinée, la chanson (les paroles), la charade, la devinette, le conte, le dialogue d'une saynète, le poème, le récit (aventures, science-fiction, humour), etc.

Chapitre XIV

Le déroulement d'une situation d'écriture

La démarche présentée dans ce chapitre est utilisée en classe à partir du moment où votre enfant peut écrire une petite phrase ou un court texte de façon autonome.

En première année, vers le mois de février, la majorité des élèves sont capables d'écrire une phrase sans aide. Quelques situations d'écriture suffiront pour vous familiariser avec la démarche proposée qui sera utilisée par votre enfant tout au long de son cours primaire.

Cette démarche comprend sept étapes:

Aide-mémoire	
1. La mise en situation	❑
2. La production du brouillon	❑
3. La première objectivation	❑
4. La première correction du brouillon	❑
5. La deuxième objectivation	❑
6. La deuxième correction du brouillon	❑
7. La mise au propre de la production écrite	❑

La mise en situation

La première étape, soit la mise en situation, consiste à motiver et à convaincre l'enfant de la nécessité de produire un texte. Une fois la mise en situation terminée, il a en main une intention d'écriture (convaincre, informer, s'exprimer, etc.) et connaît le ou les destinataires de sa production écrite.

La production du brouillon

Lorsque l'enfant sait dans quelle intention il écrit et à qui il s'adresse, il peut commencer à rédiger un brouillon.

Dès le début de la rédaction, invitez-le à tenir compte des différents aspects de l'acte d'écrire: les habiletés, les connaissances et les techniques. (Pour plus de détails, reportez-vous au chapitre XII à la page 79.) Sa compétence en écriture sera jugée en classe en fonction de ces trois aspects.

C'est en vivant des situations d'écriture signifiantes que votre enfant développera ses habiletés dans ce domaine, acquerra des connaissances et maîtrisera les différentes techniques enseignées.

Au primaire, l'enfant doit utiliser régulièrement les ressources qui sont à sa disposition pour combler son manque de connaissances et d'expérience comme scripteur.

Par exemple, l'élève de première année a souvent recours aux affiches de la classe ou à sa banque de mots et d'images pour orthographier correctement certains termes. Encouragez-le à utiliser ces ressources afin qu'il soit le plus rapidement possible autonome en situation d'écriture.

Les élèves plus âgés doivent consulter régulièrement les tableaux de conjugaison, la grammaire et le dictionnaire. La ressource la plus facile à utiliser est, évidemment, le personnel enseignant ou le parent qui accompagne l'enfant dans sa démarche en écriture. Mais en classe, on ne peut être disponible à vingt-cinq enfants à la fois. Par conséquent, l'élève capable d'exploiter les ressources autres que l'enseignante ou l'enseignant est beaucoup plus autonome pour rédiger un texte correctement.

À la maison, l'enfant bénéficie d'une situation privilégiée: papa et maman n'ont généralement qu'un ou deux enfants à aider. Cependant, il ne doit pas abuser de cette aide. Rappelez-vous que votre enfant doit être autonome le plus rapidement possible. Un des aspects de votre rôle étant de susciter et de maintenir son intérêt pour l'écriture, il vous appartient de juger de la fréquence et de la nature de vos interventions.

La première objectivation

L'objectivation a un effet considérable sur la qualité d'une production écrite. Votre enfant doit apprendre à faire seul la première objectivation. Il est important de lui inculquer cette habitude et de lui en faire comprendre toute l'importance.

À cette étape, son travail consiste à revoir son texte une dernière fois avant de le faire lire par son enseignant ou son enseignante, ou par un de ses parents. Il doit s'assurer que sa production est vraiment conforme à l'intention d'écriture de départ, que les phrases sont bien formulées et qu'elles sont exemptes de toute information inutile. Il en profite aussi pour vérifier l'orthographe des mots, la ponctuation, la calligraphie, s'il a bien appliqué les règles de grammaire enseignées et choisi le bonne terminaison pour les verbes.

Après avoir fait cette démarche d'objectivation personnelle, l'enfant apporte les corrections nécessaires à son texte et le présente à l'enseignant ou à l'enseignante, ou à un des parents.

La correction du brouillon

Les connaissances

La correction du brouillon doit donner un message clair à l'enfant. Il s'agit donc de lui indiquer les fautes et d'en identifier la nature. (Est-ce une faute d'orthographe, de grammaire, de ponctuation?)

Cette étape facilite la démarche de correction pour l'enfant et vous fournit des informations très utiles sur ses forces et ses faiblesses en écriture. Au début surtout, vous devrez probablement corriger plusieurs fautes que l'enfant ne peut rectifier lui-même à l'aide des ressources à sa disposition (banque de mots et d'images, grammaire, tableaux de verbes, affiches, etc.). Par exemple, si votre enfant de première année ne peut corriger le terme «panthère», qui ne figure pas dans sa banque de mots et d'images, écrivez-le-lui correctement au-dessus du mot mal orthographié. Si votre bambin de deuxième année n'a pas tenu compte de la règle du participe passé employé avec avoir, corrigez la faute ou écrivez le mot correctement au-dessus du mot mal orthographié. L'enfant ne doit pas être pénalisé pour cette faute puisque cette règle grammaticale n'est pas au programme de deuxième année.

La démarche suivante vous facilitera la correction d'une production écrite de votre enfant et vous permettra de l'orienter lorsqu'il corrigera lui-même ses textes. Par souci d'économie de temps et d'espace, nous utiliserons des lettres pour identifier la nature des fautes.

Exemple:

M A D H C
le petits frere de René à mis son pyjama et es allé
P
au lit

P (Point)
Indique à l'enfant qu'il a oublié de mettre un point ou qu'il n'a pas choisi le bon signe de ponctuation (., !, ?).

A (Accord)
Révèle à l'enfant qu'il n'a pas accordé le mot ou que l'accord est incorrect.

C (Conjugaison)
Signale à l'enfant que le verbe est mal conjugué.

H (Homophone)
Révèle à l'enfant qu'il s'agit d'une faute homophonique.

M (Majuscule)
Indique à l'enfant que le mot prend une majuscule.

D (Dictionnaire)
Signale à l'enfant qu'il doit vérifier l'orthographe du mot dans un dictionnaire.

V (Vocabulaire)
Indique à l'enfant qu'il trouvera le terme dans la liste de mots de vocabulaire ou dans la banque de mots et d'images.

Les habiletés

Pour identifier à votre enfant les phrases comportant des erreurs de formulation, soulignez-les tout simplement. Quant aux informations inutiles, il suffit de les encercler.

La deuxième objectivation

La démarche utilisée lors de la deuxième objectivation ressemble à la première sauf pour un aspect important: l'enfant est accompagné de son enseignante ou de son enseignant, ou de l'un de ses parents. Il s'agit donc de faire un retour sur le texte et d'en juger la qualité.

À cette étape, le personnel enseignant ou le parent donne à l'enfant son avis sur la qualité de la production écrite et lui explique (du moins au début) la signification des lettres ou des symboles utilisés pour la correction.

Il en profite pour féliciter l'enfant pour ses points forts et lui indique les points qu'il devra améliorer (par exemple, l'orthographe, la grammaire, la calligraphie, la formulation).

Si l'enfant éprouve de la difficulté à choisir les idées qu'il veut inclure dans le texte ou s'il ne peut formuler une phrase correctement, expliquez-lui pourquoi son choix d'idées ou sa formulation ne respecte pas l'intention d'écriture. Puis faites-lui des suggestions pour qu'il puisse améliorer la qualité de son texte.

Après cette démarche, l'enfant fait la correction de son texte et le met au propre.

N.B.: Une dernière vérification avant l'envoi du texte au(x) destinataire(s) est nécessaire. À cette étape, si le texte comprend encore quelques erreurs, indiquez à votre enfant les corrections qu'il doit faire sur-le-champ.

Pendant toute cette démarche, ne perdez jamais de vue que votre enfant est en situation d'apprentissage et qu'il a droit à l'erreur. Si vos interventions rendent le fait d'écrire pénible et laborieux, il perdra tout intérêt et toute motivation pour l'écriture.

Lorsque vous sentez que la tâche de votre enfant devient trop lourde pour lui, diminuez-la et aidez-le davantage pour qu'il ne se décourage pas.

La dictée

Un mot maintenant sur la dictée.

Même si la dictée peut s'avérer utile, il ne faut pas l'employer de façon abusive. Elle a peu à voir avec l'acte d'écrire et ne fait appel qu'aux connaissances orthographiques et grammaticales, laissant de côté les habiletés qui comptent pour 60 % dans l'évaluation en écriture. Elle est peu motivante pour l'enfant. De plus, elle ne représente pas un moyen vraiment efficace d'acquérir des connaissances orthographiques et grammaticales ni l'habileté à écrire.

La dictée est avant tout un moyen d'évaluer les connaissances orthographiques et grammaticales de l'enfant.

Aide-mémoire

L'aide-mémoire suivant peut s'avérer d'une grande utilité lors de la rédaction d'un texte et de l'objectivation. Vous pouvez le modifier en fonction des besoins de votre enfant.

Aide-mémoire

1. Est-ce que l'information contenue dans le texte est pertinente? ❑
2. Est-ce que le vocabulaire est approprié au sujet traité? ❑
3. Est-ce que l'information fournie dans le texte est suffisante? ❑
4. Est-ce que les phrases sont bien formulées? ❑
5. Est-ce que l'orthographe de chaque mot est correcte? ❑
6. Est-ce que tous les mots sont bien accordés? ❑
7. Est-ce que la finale de tous les verbes est exacte? ❑
8. Est-ce que les homophones employés sont les bons? ❑
9. Est-ce que la calligraphie de chaque mot est correcte? ❑
10. Est-ce que les ressources suivantes ont été consultées? ❑
    - la banque de mots et d'images; ❑
    - le carnet de syllabes; ❑
    - les affiches concernant: ❑
        - les accords en genre et en nombre; ❑
        - les homophones; ❑
        - la conjugaison; ❑
    - la grammaire; ❑
    - le dictionnaire. ❑

Chapitre XV

Suggestions de situations d'écriture

Voici quelques idées de départ à suggérer à votre enfant pour la rédaction de courts textes.

1. Faire l'inventaire de ses jouets ou de ses objets personnels.

2. Écrire à une station de télévision pour commenter une émission.

3. Écrire à une station de radio pour suggérer une nouvelle émission.

4. Demander par lettre à une station de télévision de changer l'heure et (ou) le jour de diffusion d'une émission.

5. Composer une chanson sur un air connu.

6. Rédiger un trajet pour un ami ou un parent qui désire se rendre chez soi.

7. Écrire une série de conseils sur la sécurité à la plage, en auto, à la maison...

8. Composer une série de suggestions pour aider les gens à diminuer leur consommation d'électricité.

9. Faire par écrit la critique d'un livre ou d'un texte lu.

10. Composer une petite histoire.

11. Écrire pour se plaindre de quelque chose.

12. Rédiger un texte pour convaincre une ou plusieurs personnes.

13. Produire un texte pour la boîte de suggestions de l'école ou de la maison.

14. Écrire à sa chanteuse ou à son chanteur préféré.

15. Composer une lettre pour sa vedette sportive favorite.

16. Inventer les règlements d'un nouveau jeu.

17. Écrire un message personnel à un parent.

18. Envoyer une lettre à un ami ou à une amie.

19. Écrire à une compagnie de jouets pour lui faire part de ses commentaires sur un jeu (son prix, sa durabilité, son intérêt...).

20. Suggérer par écrit la production d'un nouveau jouet à une compagnie.

21. Composer un poème à un parent, à un ami ou à une amie.

22. Inventer une aventure fantastique.

23. Créer une bande dessinée.

24. Écrire des notes explicatives en arrière des photos afin de pouvoir se rappeler les événements.

25. Transcrire son horaire de télévision pour la semaine et le soumettre à l'approbation de ses parents.

26. Dresser la liste d'épicerie avec maman ou papa.

27. Créer un mot caché.

28. Formuler des mots croisés.

29. Rédiger une carte de souhaits à l'occasion de Noël, de Pâques, de la Saint-Valentin ou d'un anniversaire de naissance.

30. Écrire à un parent, à un ami, à une copine ou à la classe ses commentaires au sujet d'une expérience vécue ou d'un voyage réalisé.

31. Composer un mot d'appréciation pour son enseignant ou son enseignante, pour son père, sa mère, sa sœur, son frère, un grand-parent, etc.

32. Écrire pour s'abonner à une revue.

33. Rédiger le portrait de son meilleur ami.

34. À l'aide d'un court texte, demander des informations à une personne ou à un organisme.

35. Commander un produit par écrit.

36. Écrire à un parent, à un ami ou à une amie pour le (la) remercier.

37. Inviter par écrit une ou plusieurs personnes à une fête ou à un souper.

38. Dresser la liste des cadeaux que l'on aimerait recevoir pour son anniversaire ou pour Noël.

39. Rédiger une petite annonce pour vendre un produit.

40. Inventer une recette par écrit.

41. Faire l'itinéraire d'un voyage projeté.

42. Se décrire physiquement dans un court texte.

43. Décrire sa personnalité en parlant de ses qualités et de ses défauts.

44. Dresser la liste de ses préférences alimentaires, sportives, artistiques, musicales, etc., et afficher le texte à la maison ou en classe.

45. Énumérer par ordre d'importance les rêves que l'on aimerait réaliser.

46. Écrire à son enseignante ou à son enseignant ou encore à la direction pour lui faire part d'une ou de plusieurs suggestions afin améliorer la qualité de vie à l'école.

47. Établir une correspondance régulière avec une personne éloignée.

48. Écrire à un organisme gouvernemental (municipalité, différents ministères) pour manifester son accord ou son désaccord au sujet d'un projet ou d'une loi.

49. Mettre par écrit le plan d'évacuation de la maison en cas d'incendie.

Chapitre XVI

Conseils pratiques

Voici quelques simples précautions pour éviter certaines difficultés à votre enfant.

La vision et l'audition

Une vision adéquate et une bonne audition sont des éléments essentiels pour réussir sur le plan scolaire. Faites vérifier une fois par année la santé des yeux et des oreilles de votre enfant.

L'attention et la concentration

Le niveau d'attention et de concentration influence grandement le rendement scolaire. Un enfant inquiet ou soucieux a de la difficulté à se concentrer et à être attentif en classe. Assurez-vous que votre enfant parte pour l'école libre de tout souci ou de toute préoccupation qui pourrait l'empêcher d'être attentif et de bien se concentrer. S'il vit une situation difficile, informez-en le personnel enseignant; celui-ci adoptera l'attitude appropriée.

L'alimentation

Un enfant qui arrive à l'école l'estomac vide ne peut maintenir son attention et sa concentration. Assurez-vous que votre enfant ait pris son petit déjeuner avant de partir pour l'école.

Une collation pour la récréation aide les élèves à être attentifs et à se concentrer le reste de la matinée.

Votre attitude devant la lecture et l'écriture

Votre enfant vous admire et désire vous imiter. Prenez quelques moments chaque semaine pour lire et écrire et pour échanger (quand cela est possible) avec votre enfant sur ce que vous apporte la lecture et l'écriture. Cela formera chez lui l'habitude de lire et d'écrire et lui fera comprendre l'importance de ces deux activités et la satisfaction que l'on peut en retirer.

L'accessibilité aux documents écrits

Facilitez à votre enfant l'accès à différents documents écrits. Pour ce faire, abonner votre famille à un quotidien et (ou) à un hebdomadaire, amenez-le à la bibliothèque municipale et offrez-lui, à l'occasion, un livre qui l'intéresse. Enfin, lisez fréquemment de petites histoires à votre enfant.

La rentrée scolaire

La rentrée scolaire est toujours un moment important dans la vie d'un enfant. À l'approche de cette période, il peut se sentir anxieux et inquiet. Il serait prudent d'aborder le sujet avec lui. Lors de l'échange, vous pourriez constater qu'il a besoin d'être rassuré et réconforté.

L'enfant de maternelle ou de première année apprécie beaucoup le fait d'être accompagné de papa ou de maman le jour de la rentrée scolaire. N'hésitez pas à y aller, vous y serez bien accueilli.

Les relations avec le personnel de l'école

Les relations que vous entretenez avec la direction et le personnel de l'école sont très importantes. Elles influencent grandement la vie de votre enfant.

Ne dénigrez jamais la direction ni le personnel enseignant de votre enfant devant lui. Si vous êtes insatisfait, mécontent ou qu'un événement particulier vous contrarie, adressez-vous directement à la personne concernée. Un simple coup de téléphone arrange souvent beaucoup de choses. Il ne faut pas qu'à cause de vos propos votre enfant perde la confiance qu'il éprouve envers son enseignant ou son enseignante, ou la direction de l'école. Cela affecterait toute sa vie scolaire et pourrait compromettre ses chances de réussite.

Les rencontres de parents

Les échanges entre parents et enseignants ou enseignantes sont essentiels et toujours très enrichissants. Ils permettent aux deux parties de comprendre davantage l'enfant et, par conséquent, de mieux l'aider à progresser dans ses apprentissages.

ANNEXE A

La banque de mots et d'images

ANNEXE A

La banque de mots et d'images

Certains éléments de la banque de mots et d'images n'ont pu être représentés visuellement, tels les petits déterminants (le, un, la, dans), ou les termes d'actions. Il vous sera possible d'illustrer certains d'entre eux en fournissant une image ou un dessin à votre enfant et en lui en expliquant le sens.

La banque de mots et d'images suivante comprend aussi une série d'étiquettes vierges qui pourront s'avérer très utiles lors d'exercices de manipulation de mots. Prenez la précaution de vous en faire quelques copies.

ANNEXE A

Actions

joue	mange
parle	regarde

Aliments

beigne	beurre	fromage
fruit	gâteau	gruau
jambon	jus	macaroni
miel	œuf	pain
poulet	sandwich	sel
soupe	spaghetti	sucre
tarte	thon	

ANNEXE A

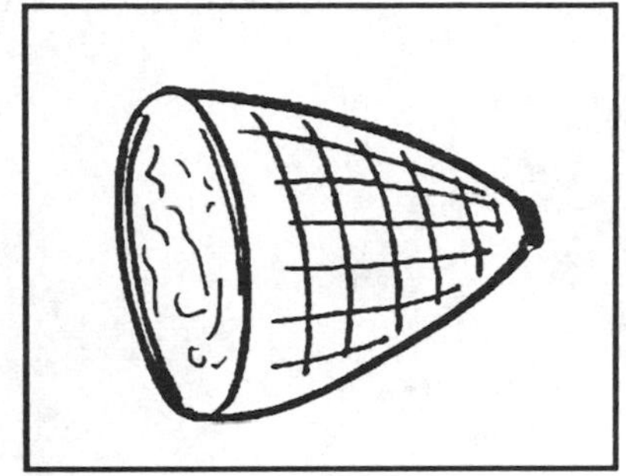

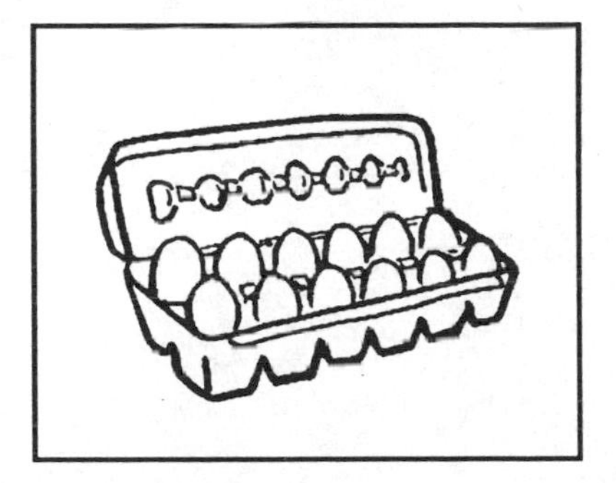

ANNEXE A

ANNEXE A

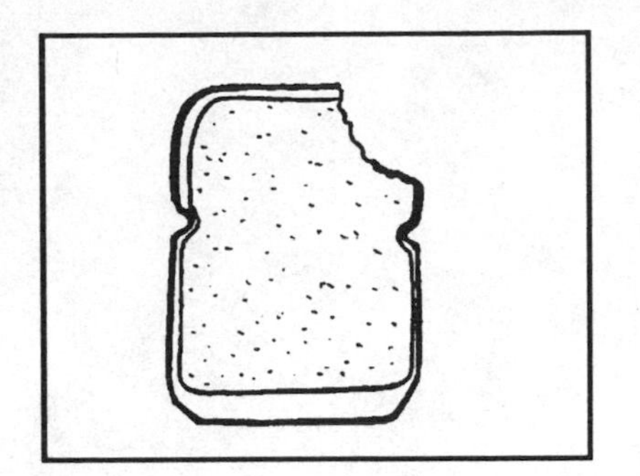

ANNEXE A

Animaux

abeille	âne	baleine
bœuf	brebis	canard
chameau	chat	chauve-souris
chenille	cheval	chèvre
chevreuil	chien	coccinelle
cochon	coq	crocodile
cygne	dauphin	dinde
dromadaire	écureuil	éléphant
gazelle	girafe	grenouille
guêpe	hibou	kangourou
lapin	lièvre	lion

loup	mouton	oiseau
orignal	ours	papillon
perdrix	perroquet	pigeon
pingouin	poisson	poule
poussin	renard	requin
sauterelle	serpent	singe
souris	tigre	vache
veau	zèbre	

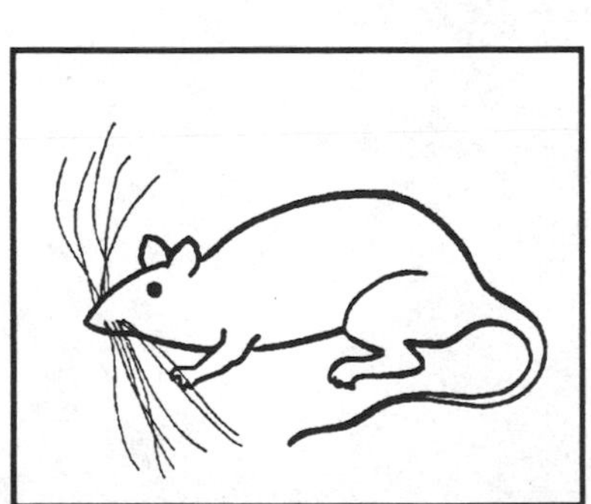

ANNEXE A

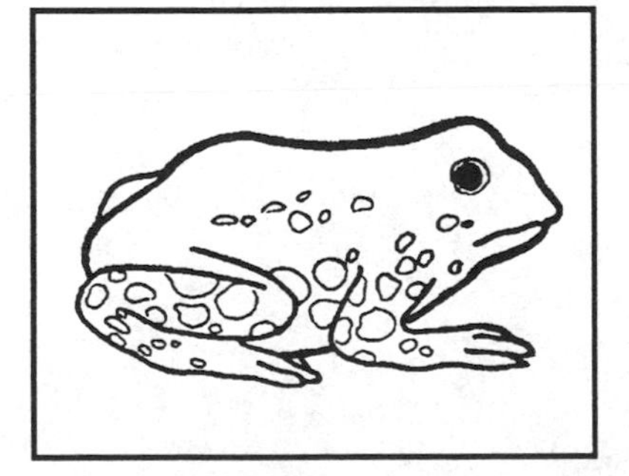

ANNEXE A

ANNEXE A

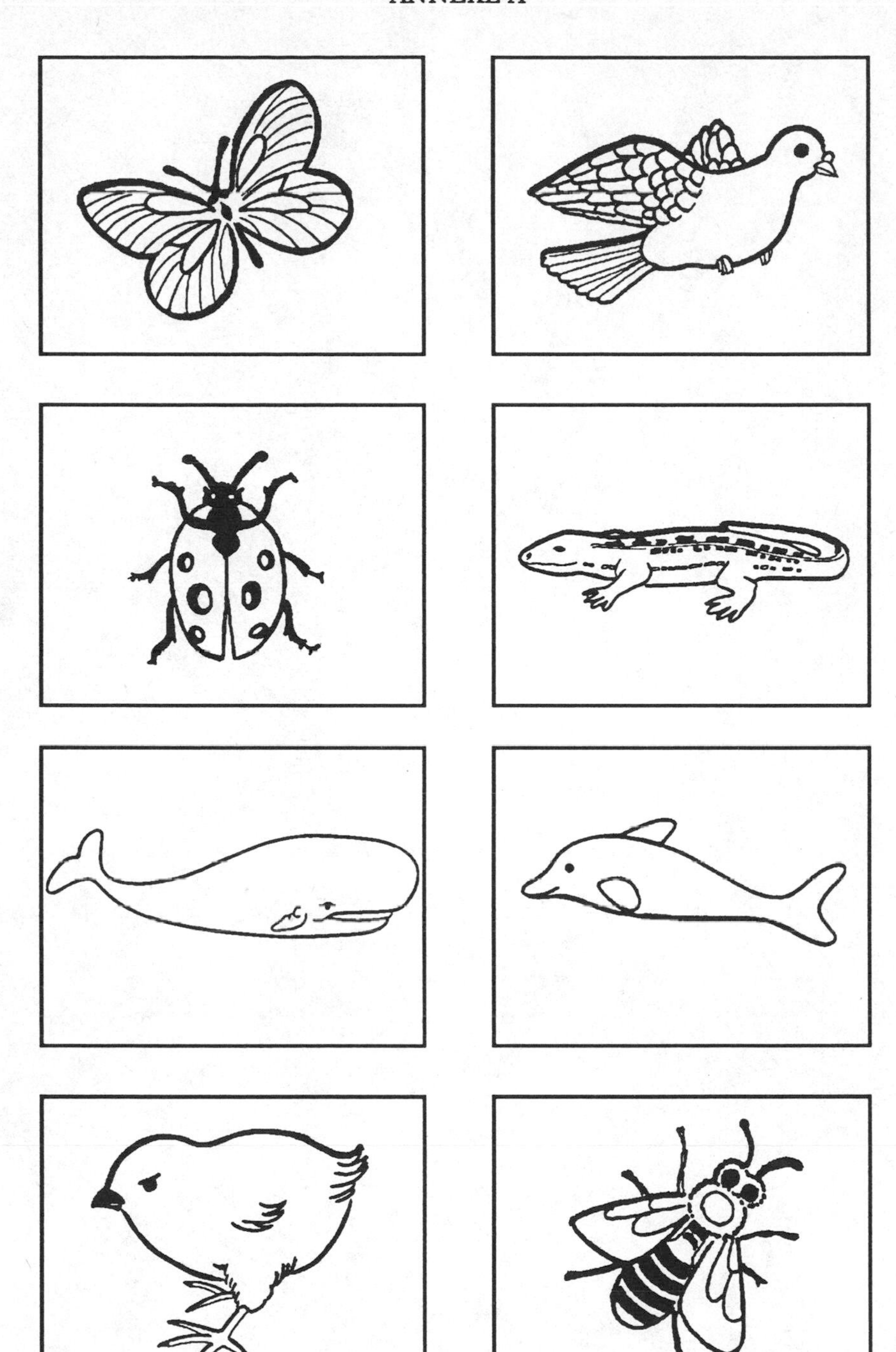

ANNEXE A

ANNEXE A

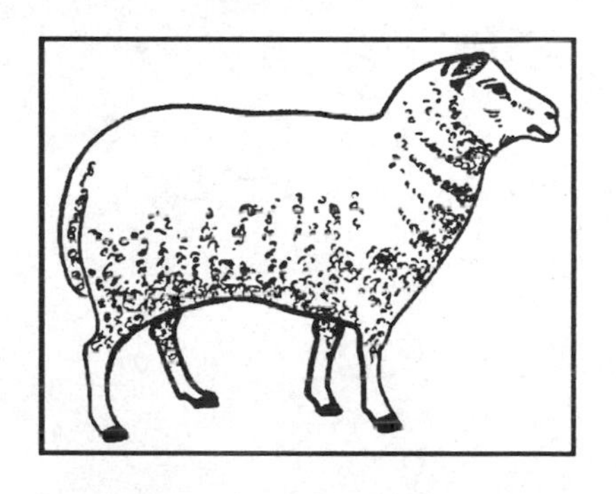

ANNEXE A

Appareils électriques

aspirateur	bouilloire
chaîne stéréo	cuisinière
fer à repasser	grille-pain
machine à coudre	magnétoscope
ordinateur	radio
réfrigérateur	réveille-matin
téléphone	téléviseur

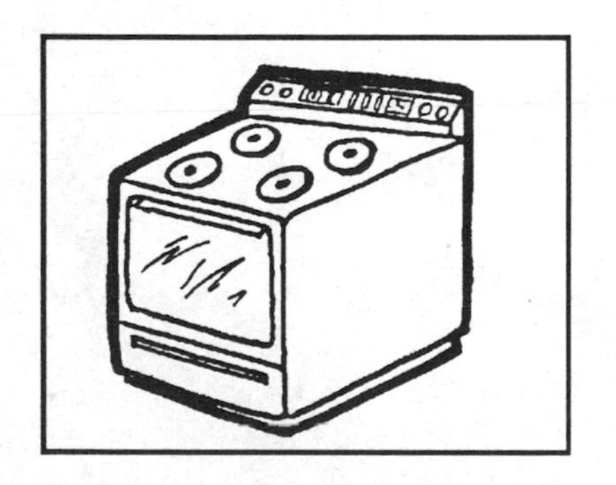

ANNEXE A

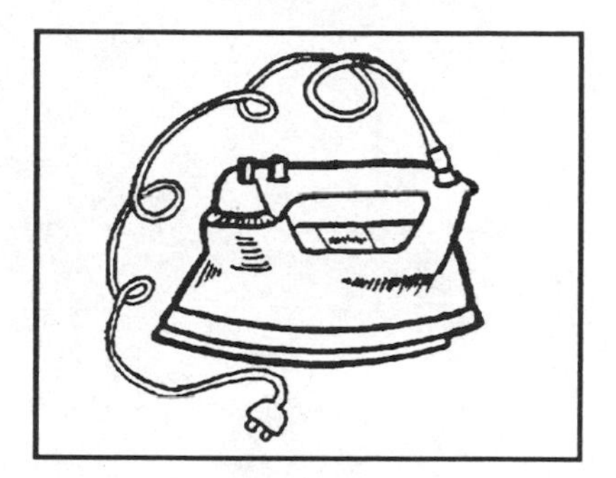

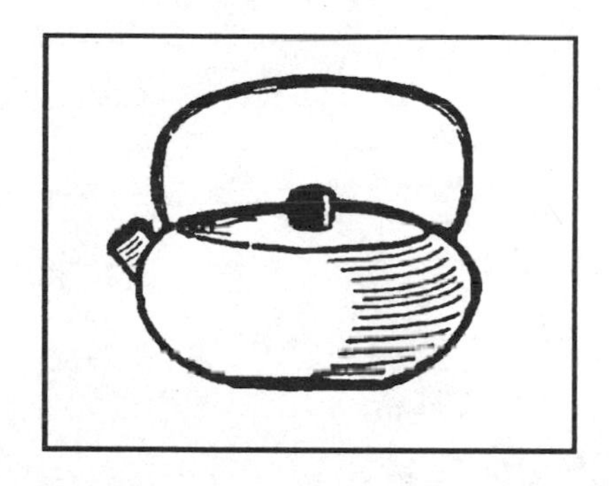

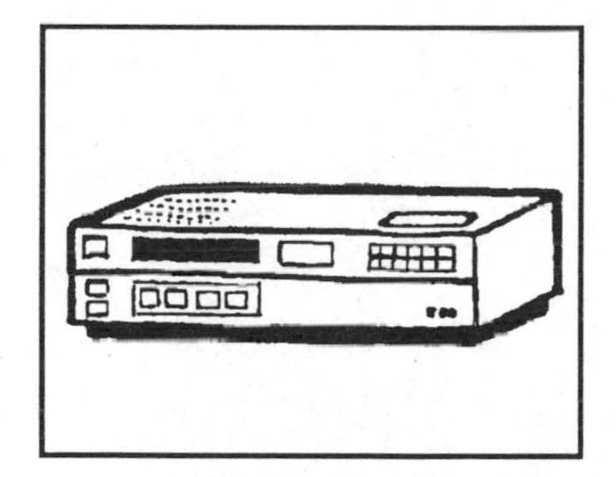

ANNEXE A

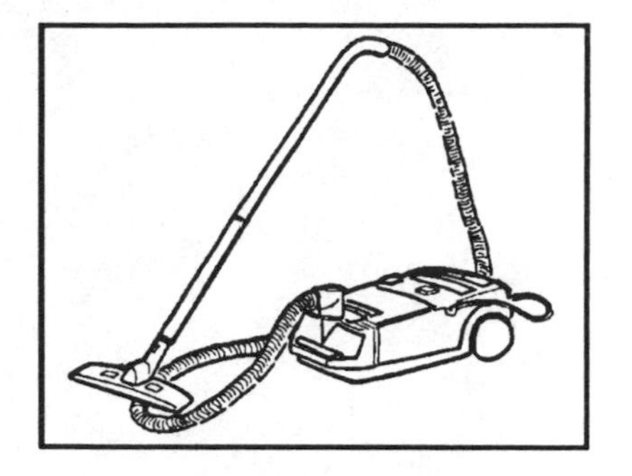

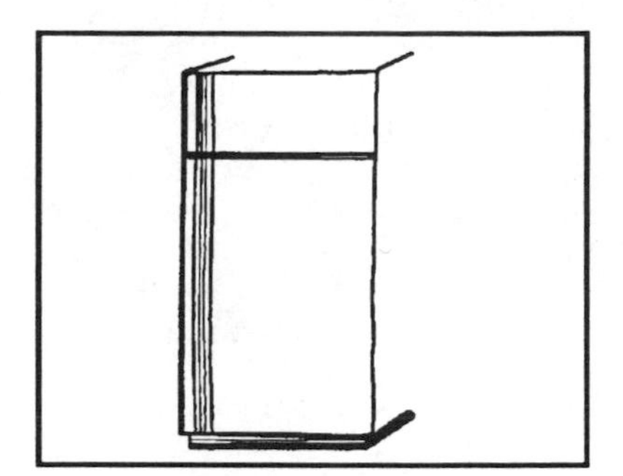

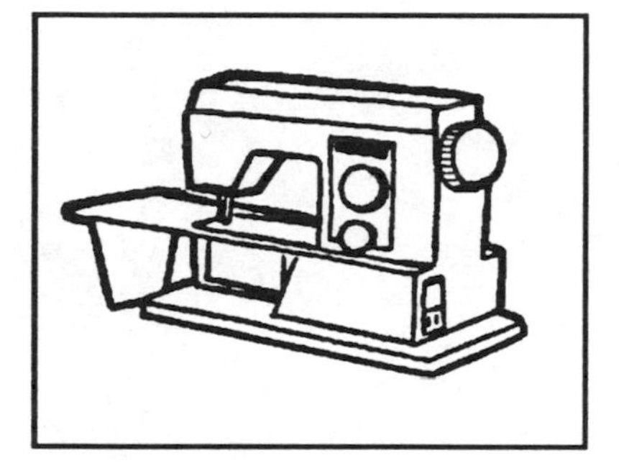

ANNEXE A

Bijoux

bague	bracelet	collier
jonc	montre	pendentif

boucles d'oreilles

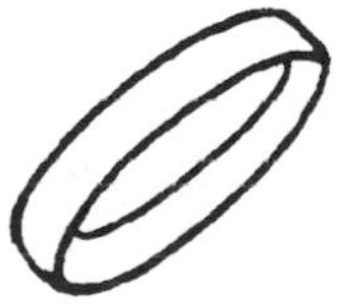

Couleurs

beige	blanc	bleu
brun	jaune	mauve
noir	orangé	rose
rouge	vert	violet

Divers

allumette	ampoule	argent
balai	bois	bouteille
briquet	cadre	camping
clef	eau	fleur
hockey	lac	magasin

ANNEXE A

mer	montagne	peinture
photo	piscine	pneu
poignée	rivière	tente
vadrouille	ventilateur	

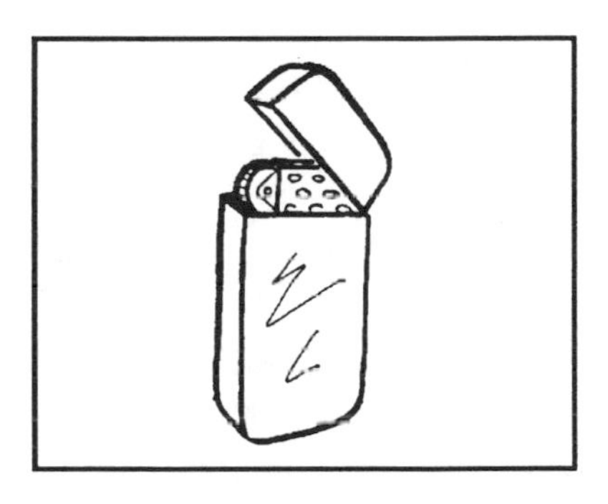

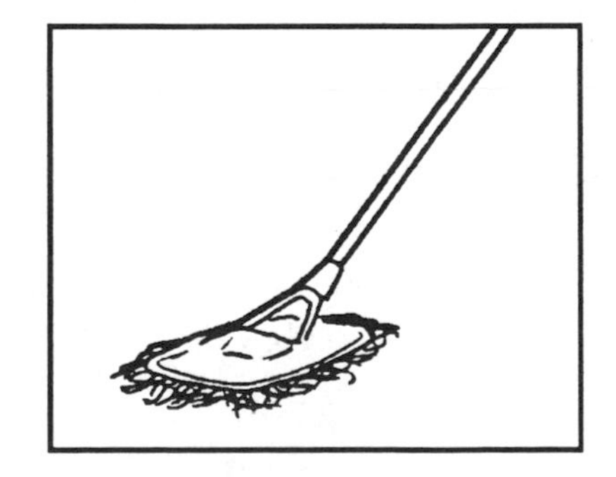

ANNEXE A

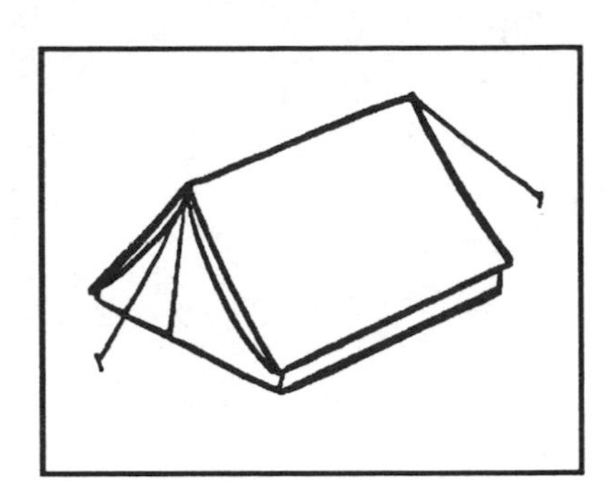

ANNEXE A

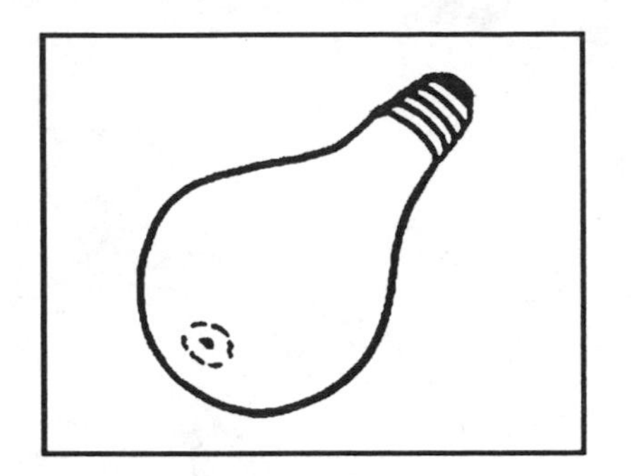

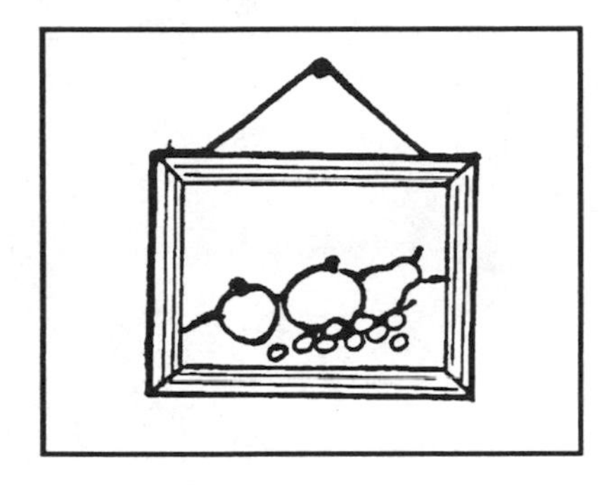

ANNEXE A

Fruits

banane	bleuet
cantaloup	cerise
citron	citrouille
clémentine	datte
fraise	framboise
kiwi	melon
orange	pamplemousse
pêche	poire
pomme	prune
raisin	

ANNEXE A

ANNEXE A

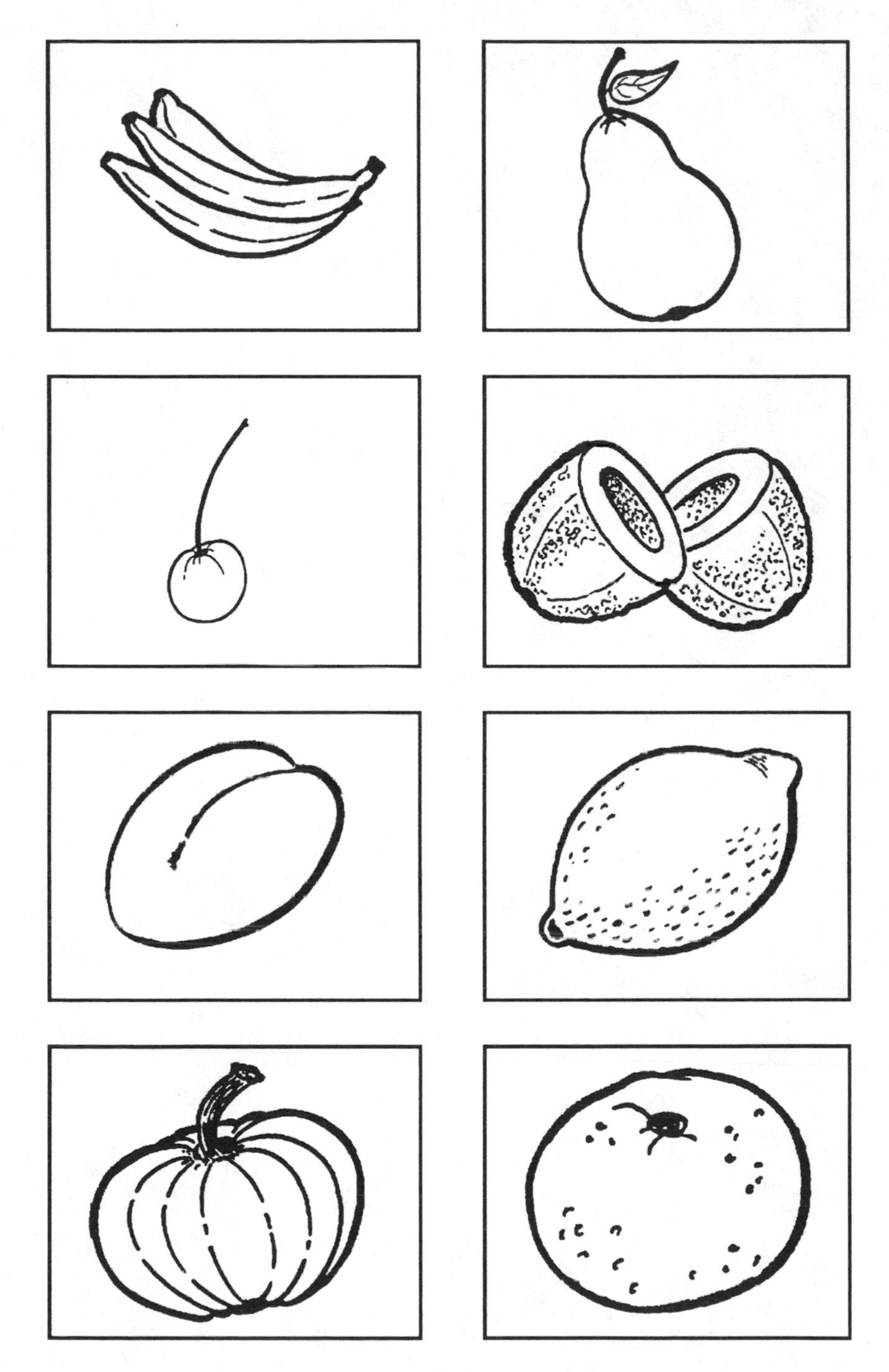

ANNEXE A

Habitations

abri	aquarium
chalet	château
école	église
grange	gratte-ciel
hôtel	igloo
logement	maison
motel	niche
nid	roulotte
ruche	tente
terrier	

ANNEXE A

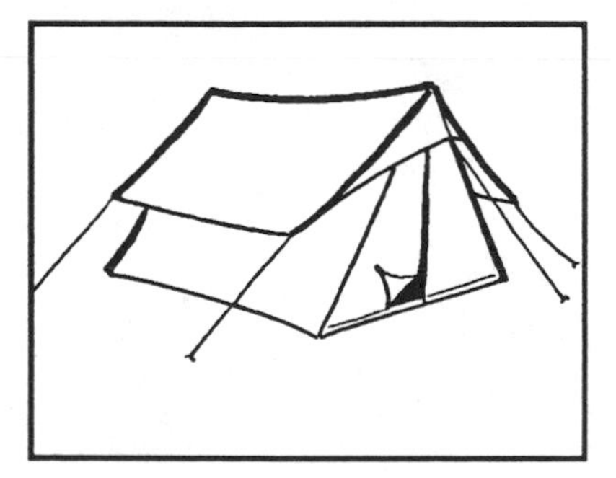

ANNEXE A

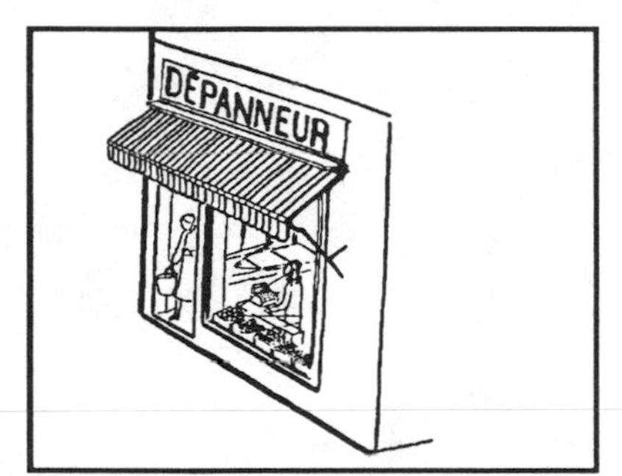

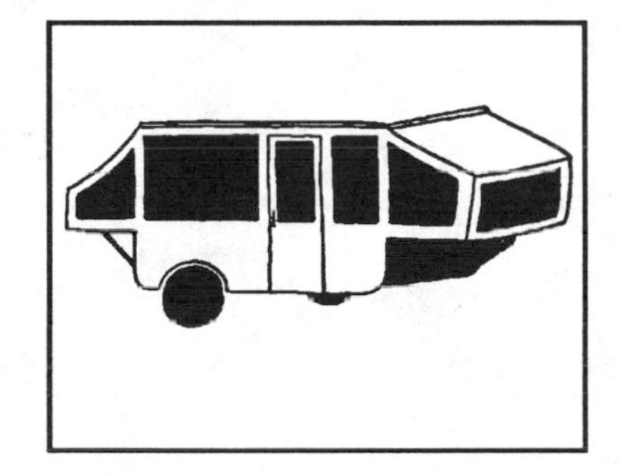

ANNEXE A

Instruments de musique

accordéon	castagnettes
contrebasse	cornemuse
flûte	guitare
harpe	orgue
piano	saxophone
timbale	trombone
trompette	tuba
violon	xylophone

ANNEXE A

ANNEXE A

ANNEXE A

Jouets

ballon	corde à danser
dé	ourson
poupée	tambour
toupie	

ANNEXE A

Légumes

betterave	carotte
céleri	chou
concombre	échalote
fève	haricot
laitue	maïs
navet	oignon
poivron	pomme de terre

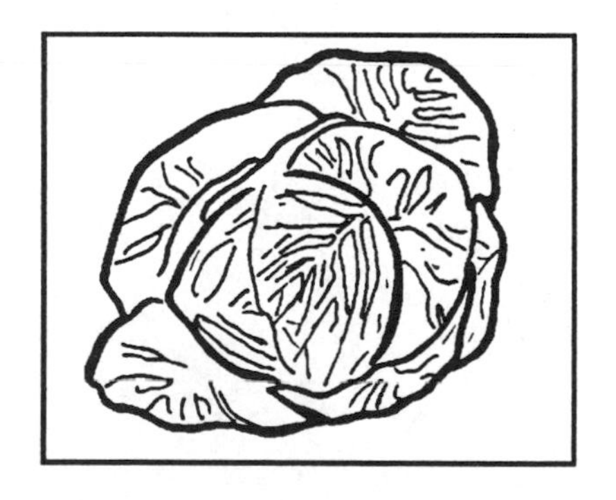

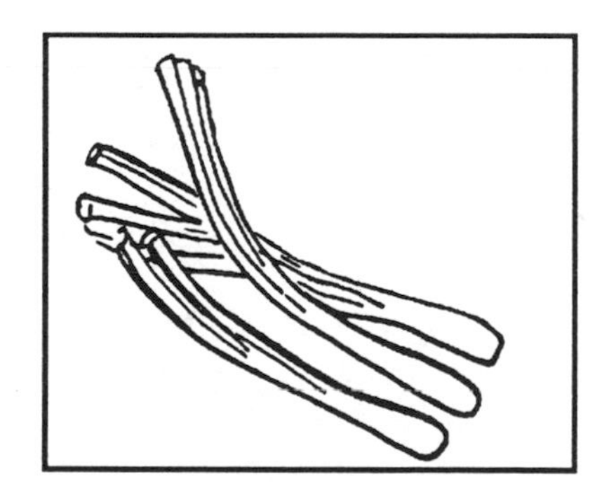

ANNEXE A

ANNEXE A

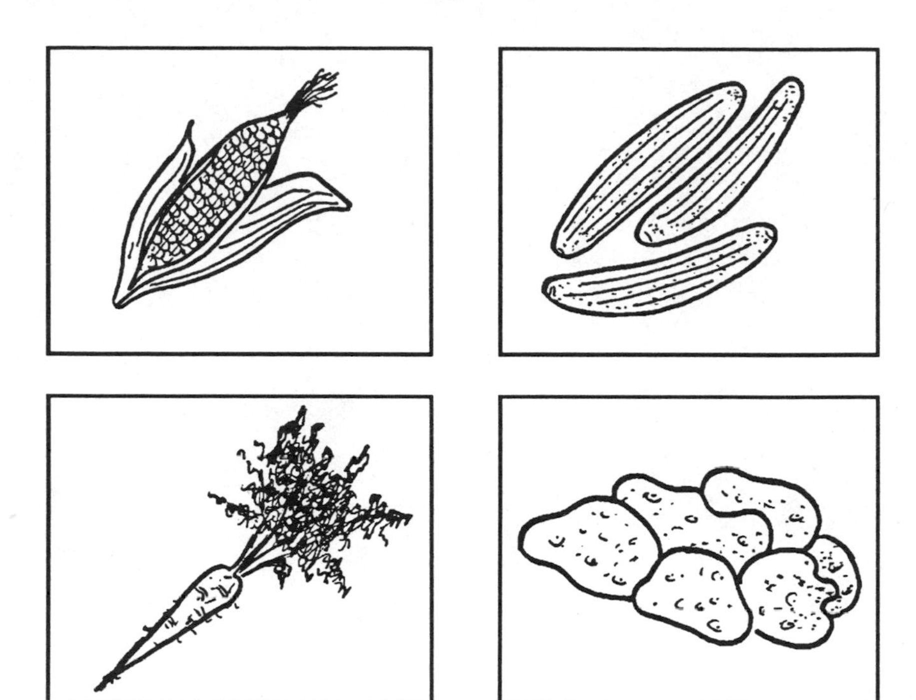

ANNEXE A

Métiers

boucher	boulangère	bûcheron
chanteur	cordonnier	soudeuse
couturière	cuisinier	cultivateur
éboueur	enseignante	infirmière
ingénieure	maçon	médecin
menuisier	peintre	pilote d'avion
plombier	policière	pompier
secrétaire	serrurier	serveur
chauffeur d'autobus		

ANNEXE A

ANNEXE A

ANNEXE A

ANNEXE A

Monde scolaire

agrafeuse	album
arts plastiques	babillard
bibliothèque	bureau
cahier	catéchèse
chaise	ciseaux
classe	cloche
colle	concierge
corbeille à papier	corridor
crayons de couleur	devoir
directeur	directrice
école	écriture

ANNEXE A

éducation physique	enseignante
feuille	français
gomme à effacer	gymnase
infirmière	interphone
leçon	lecture
livre	mathématique
musique	ordinateur
pupitre	récréation
règle	sciences
secrétaire	tableau
taille-crayon	trombone

ANNEXE A

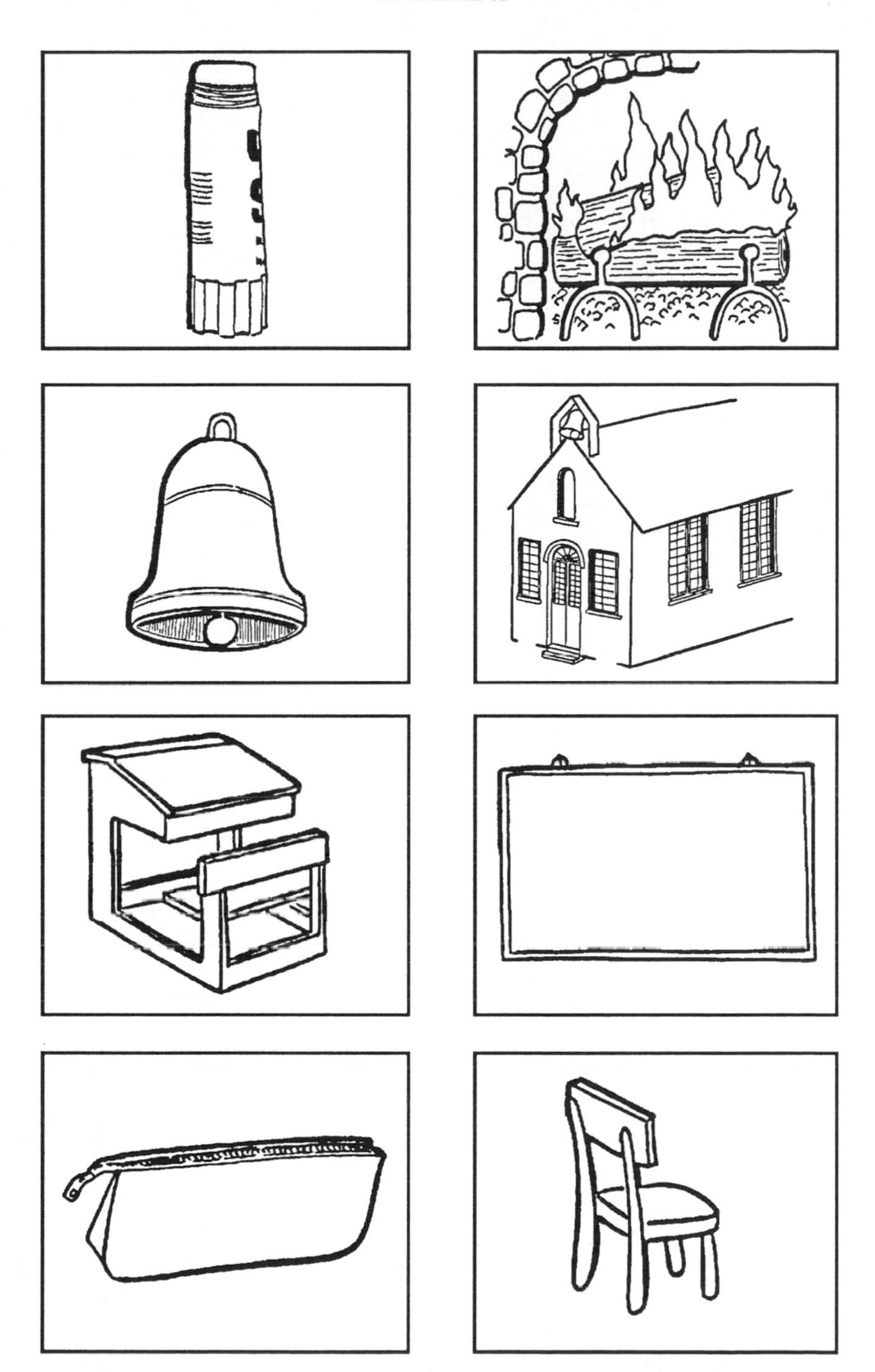

ANNEXE A

ANNEXE A

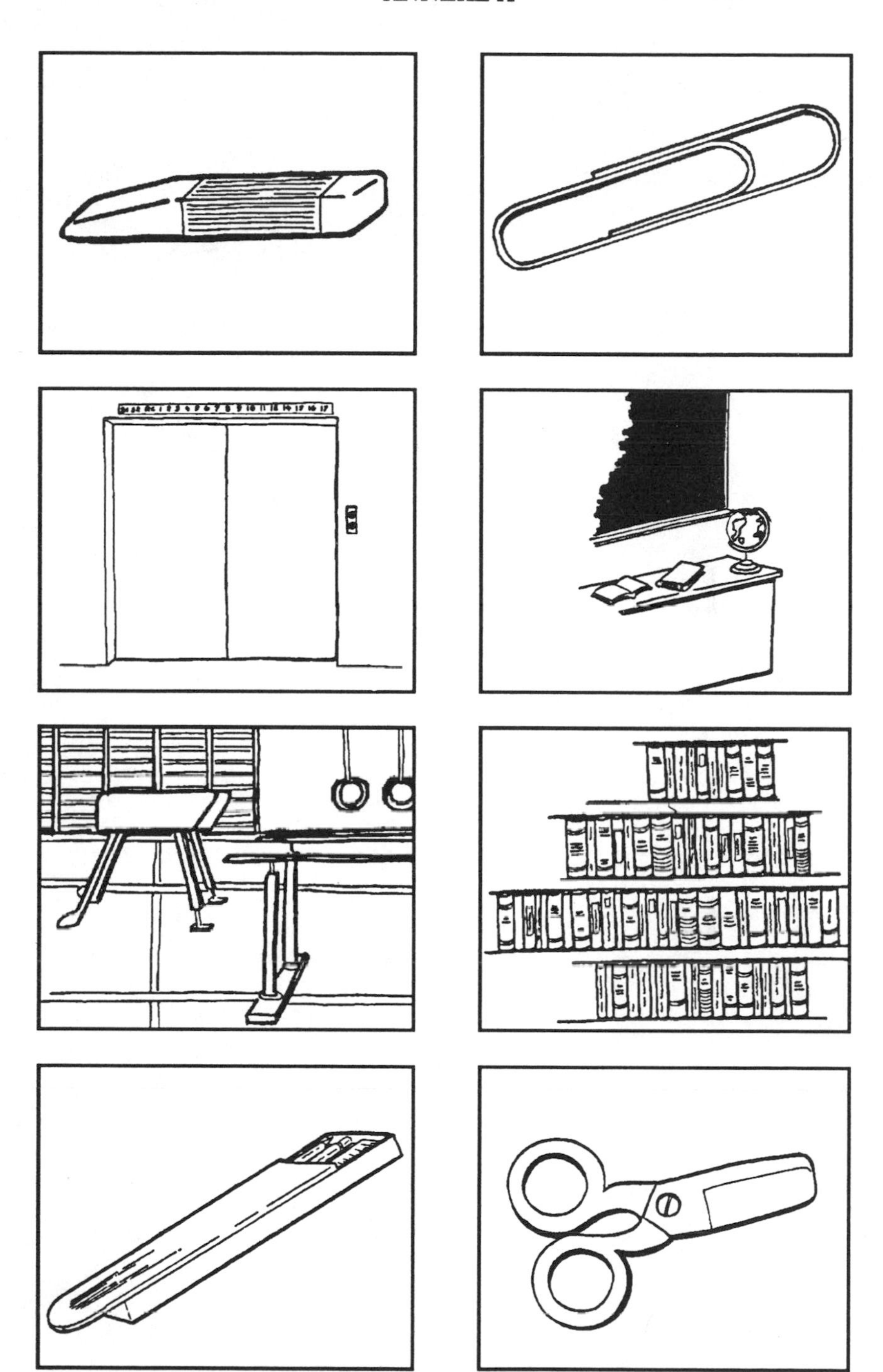

ANNEXE A

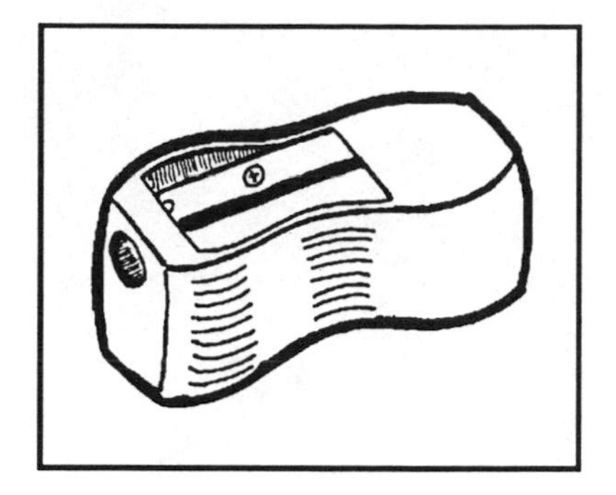

ANNEXE A

Moyens de transport

autobus	automobile
avion	bateau
bicyclette	camion
canot	fusée
hélicoptère	locomotive
métro	motocyclette
motoneige	radeau
soucoupe volante	sous-marin
taxi	train
tricycle	voilier
voiture	

ANNEXE A

ANNEXE A

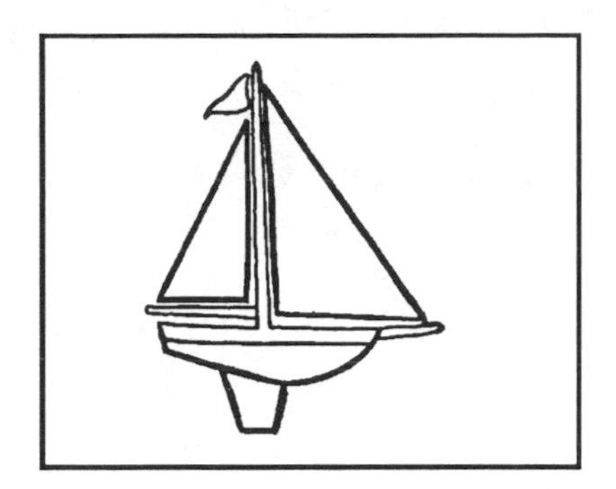

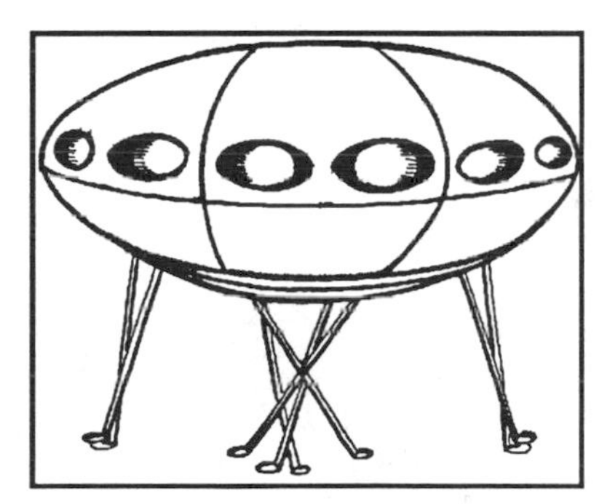

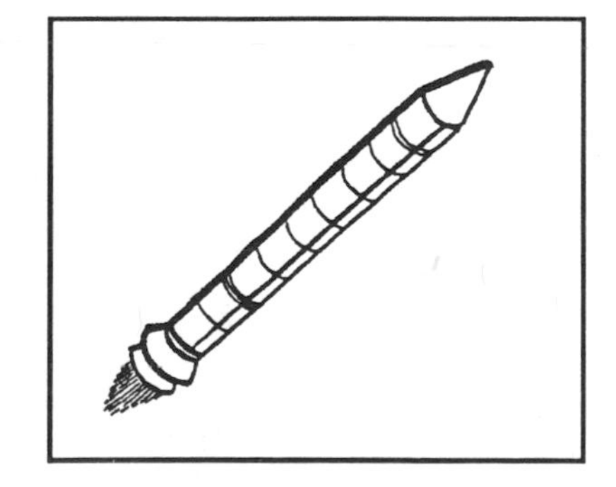

ANNEXE A

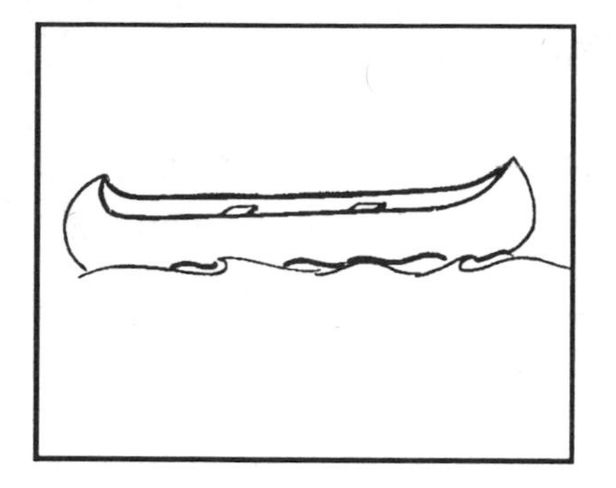

ANNEXE A

Objets de la maison

bain	bibliothèque
bureau	canapé
chaise	escalier
étagère	fauteuil
foyer	lampe
lit	nappe
porte	pouf
rideau	table
téléviseur	

ANNEXE A

ANNEXE A

ANNEXE A

Outils

clé à molette	étau	marteau
perceuse	pince	pinceau
rabot	scie	tournevis
vilebrequin		

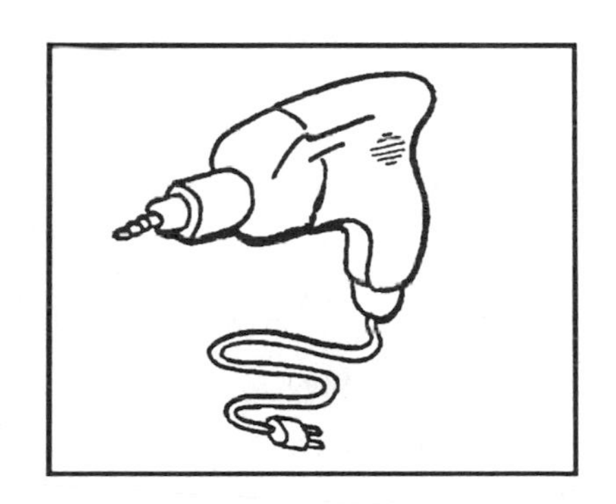

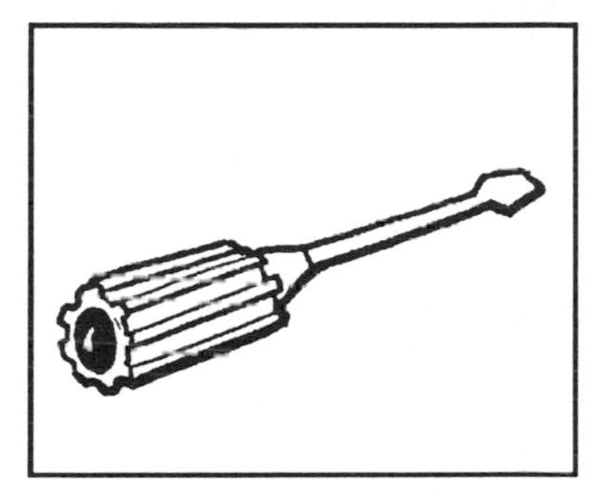

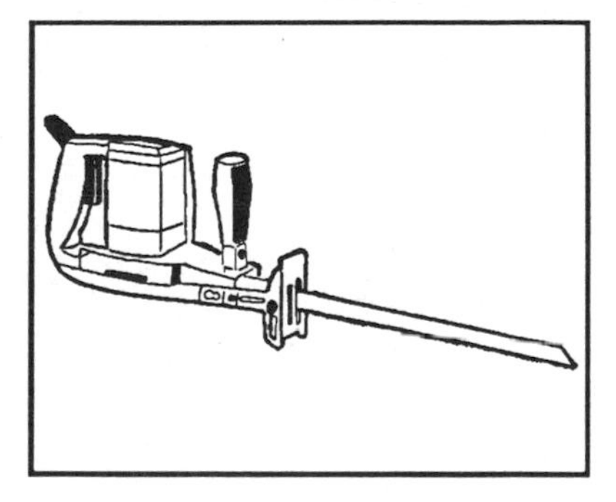

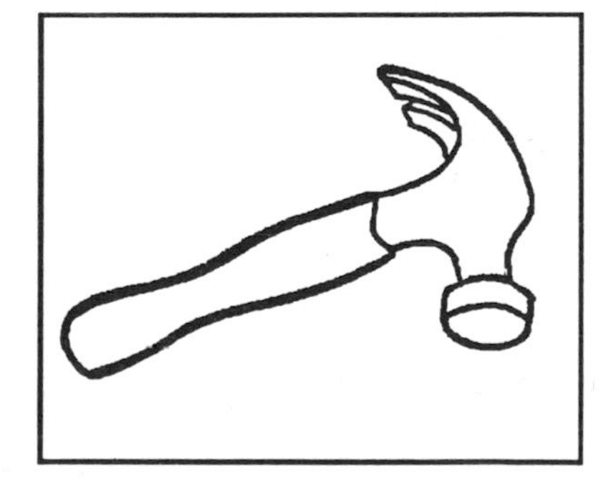

ANNEXE A

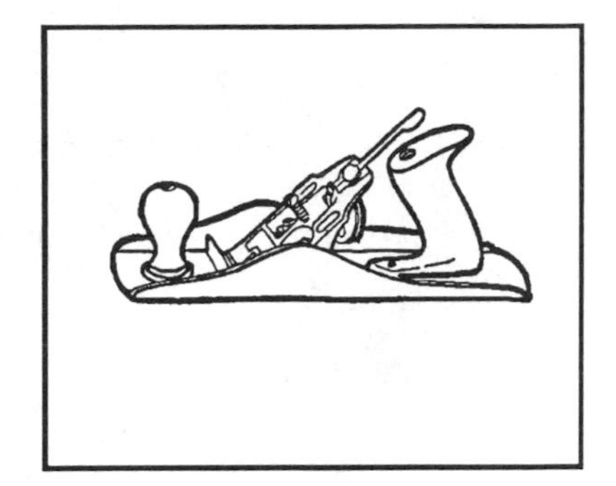

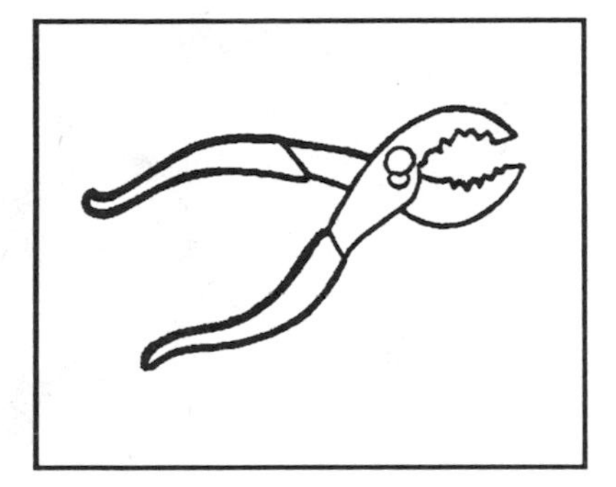

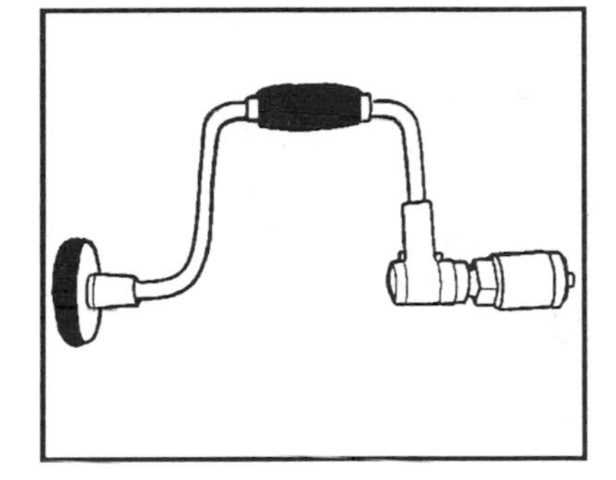

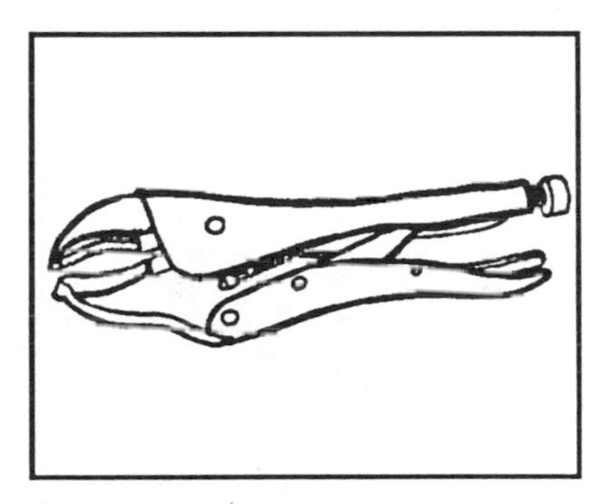

ANNEXE A

Parties du corps

avant-bras	bouche	bras
cheveux	cils	cou
coude	cuisse	dent
doigt	dos	épaule
fesse	front	gencive
genou	jambe	joue
langue	lèvre	main
menton	nez	nombril
œil	ongle	oreille
orteil	pied	pouce
sein	sourcil	talon
tête	ventre	

ANNEXE A

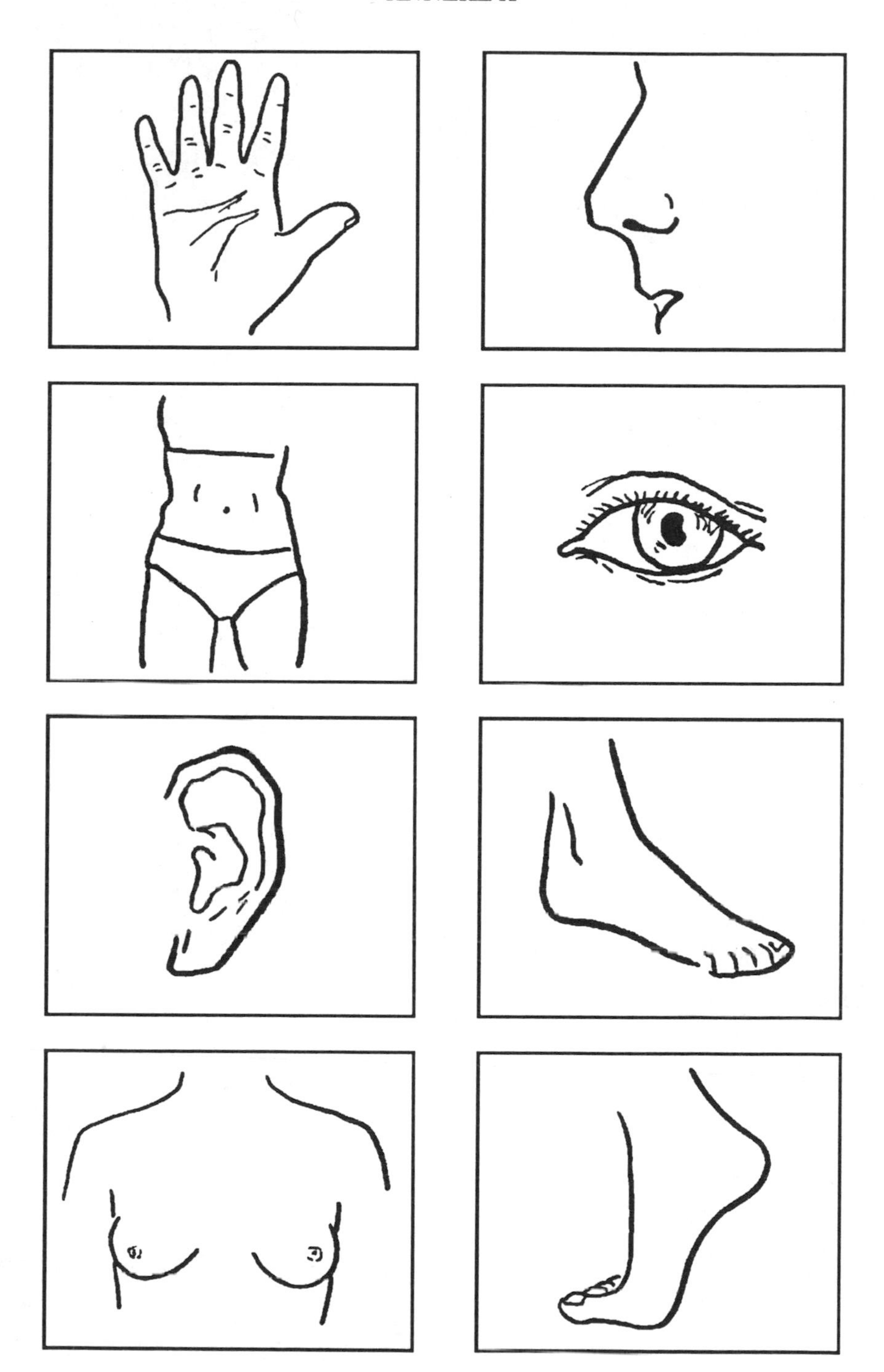

ANNEXE A

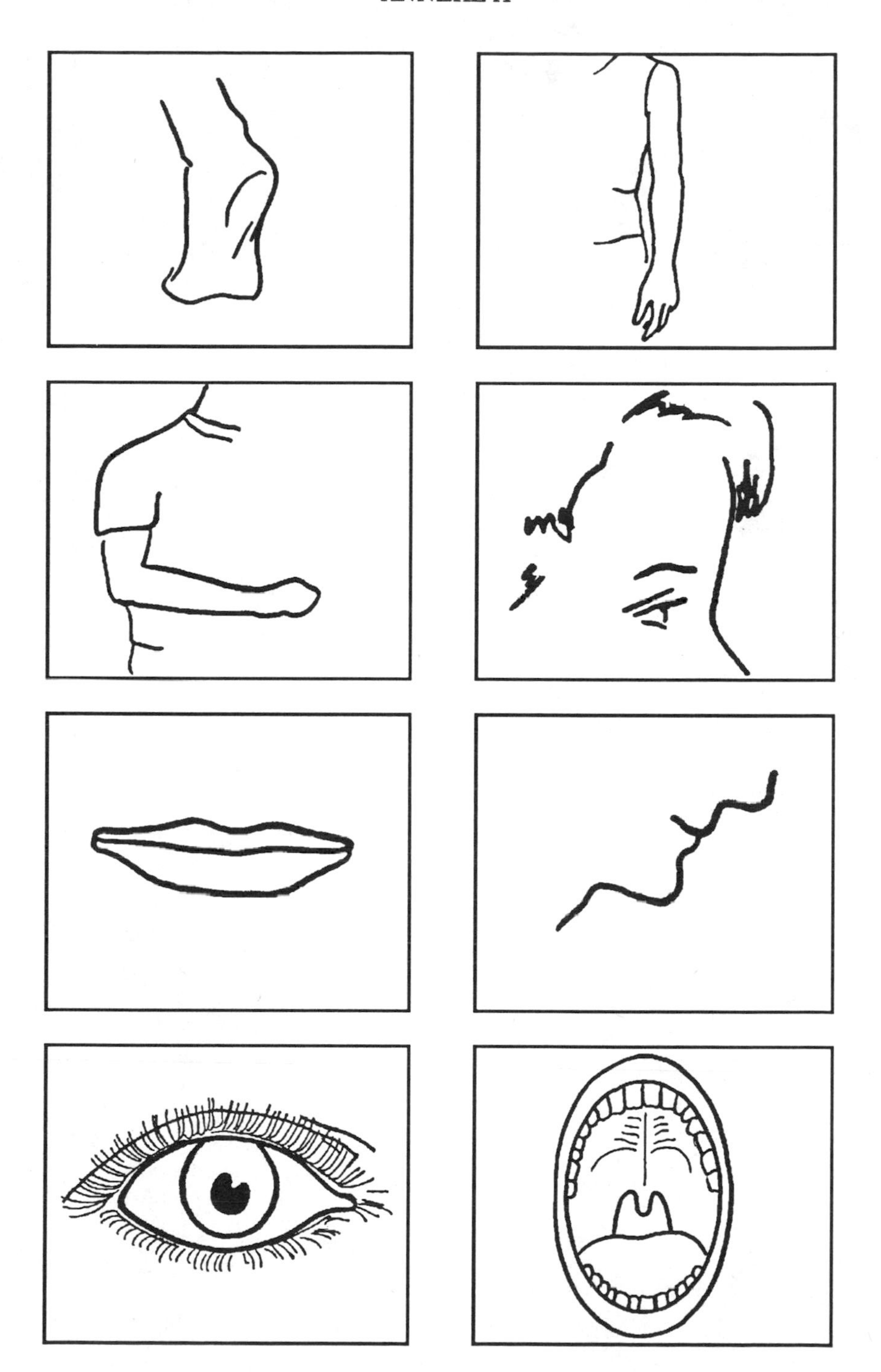

ANNEXE A

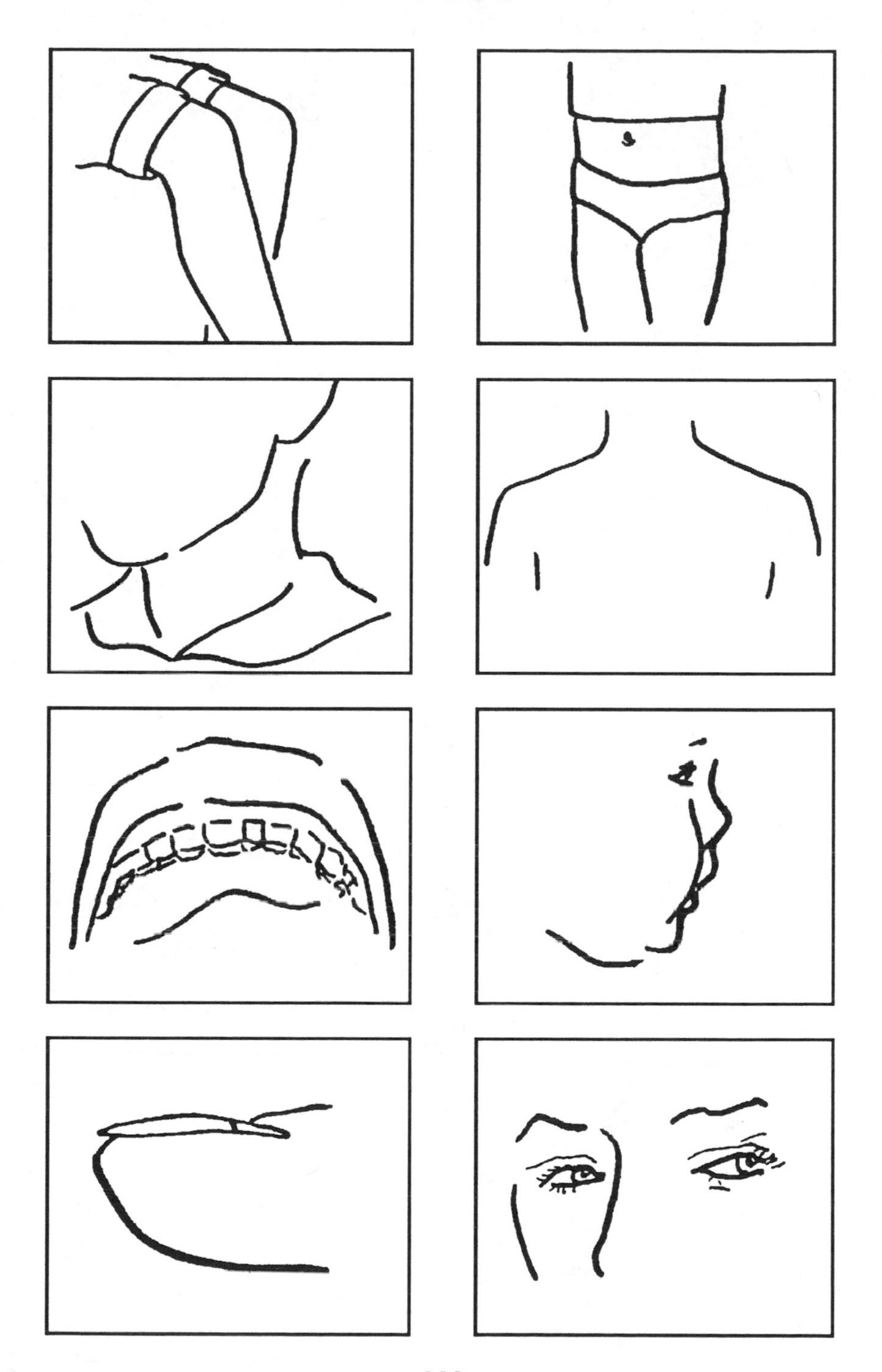

ANNEXE A

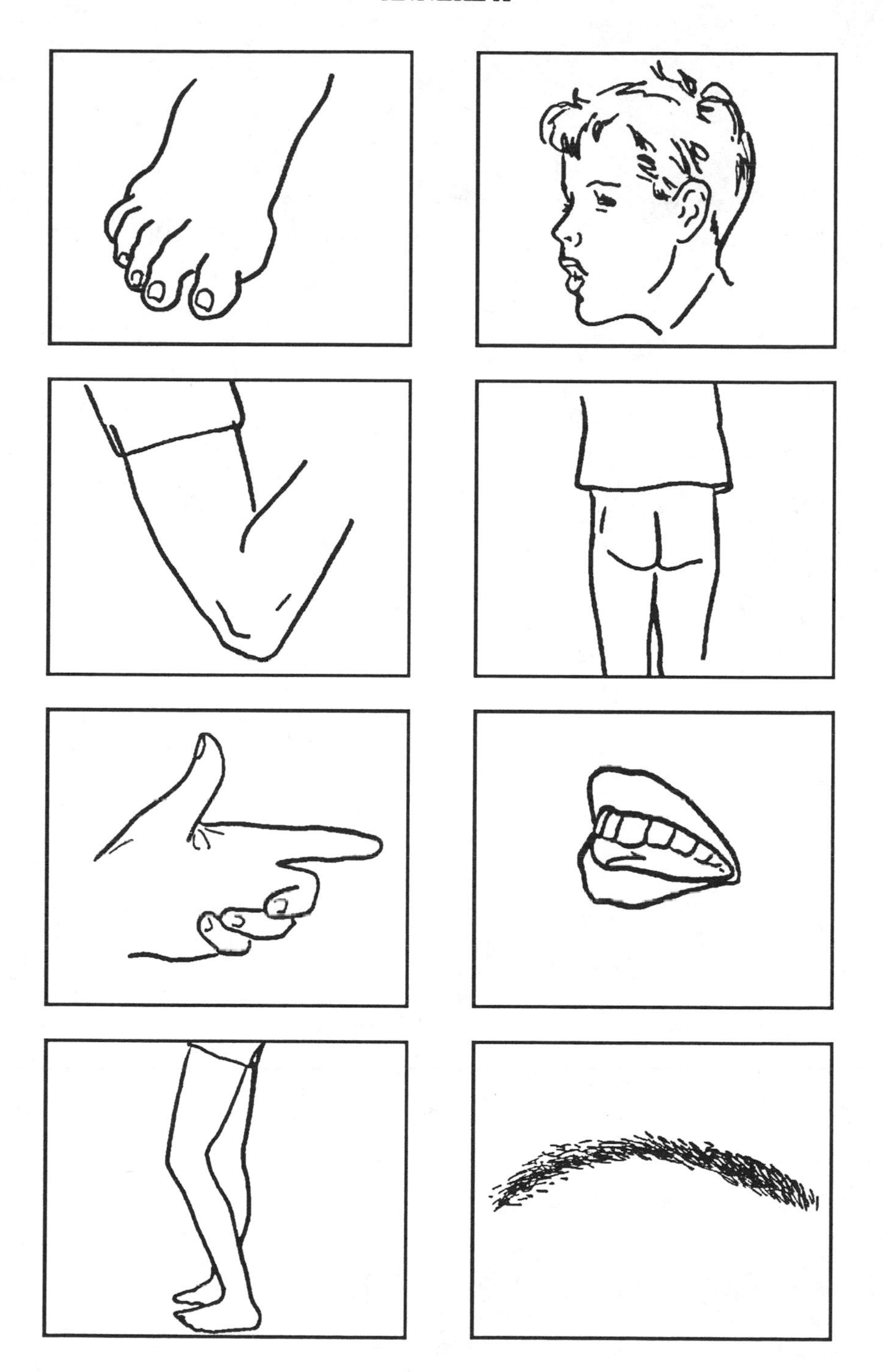

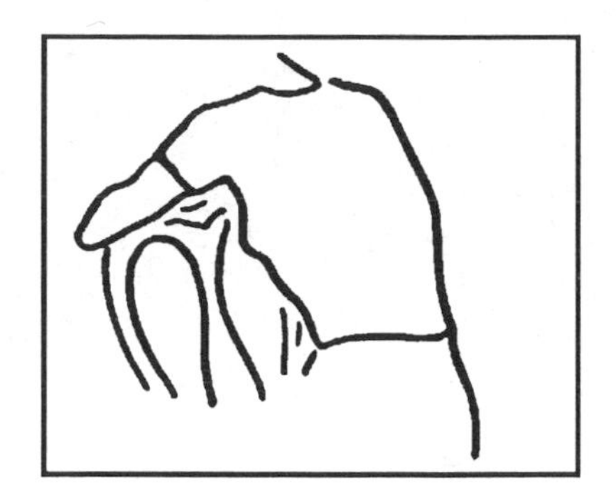

ANNEXE A

Personnes

ami	amie	bébé
capitaine	concierge	cousin
cousine	enseignante	fille
frère	garçon	grand-mère
grand-père	lutin	maman
matelot	oncle	papa
père Noël	pirate	secrétaire
sœur	tante	

ANNEXE A

Petits mots

à	avec	chez	de
des	la	le	les
ma	me	mes	mon
pour	sa	ses	son
ta	tes	ton	un
une			

Pièces de la maison

bureau	chambre	cuisine
escalier	garage	garde-manger
garde-robe	grenier	salle à manger
salle de bain	salle de séjour	salon
sous-sol		

ANNEXE A

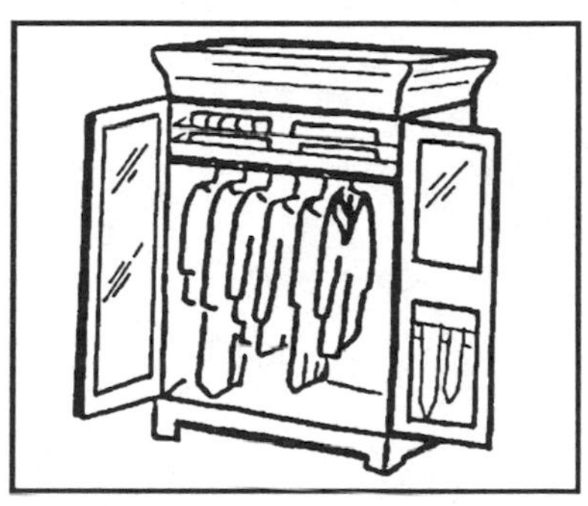

ANNEXE A

ANNEXE A

Ustensiles

assiette	bol	casserole
chaudron	couteau	cuiller à soupe
cuiller à thé	fourchette	pilon
soucoupe	tasse	verre

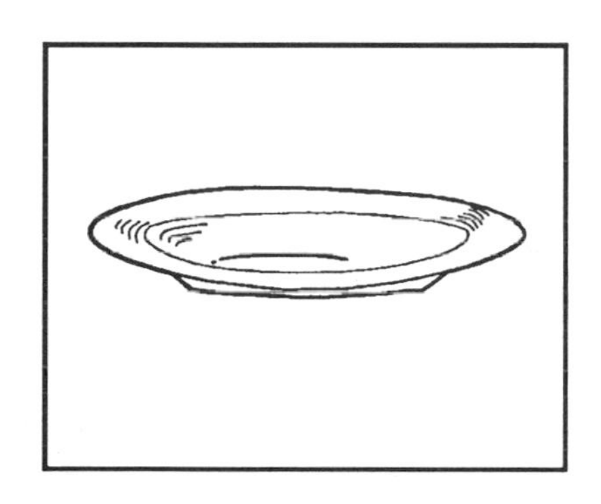

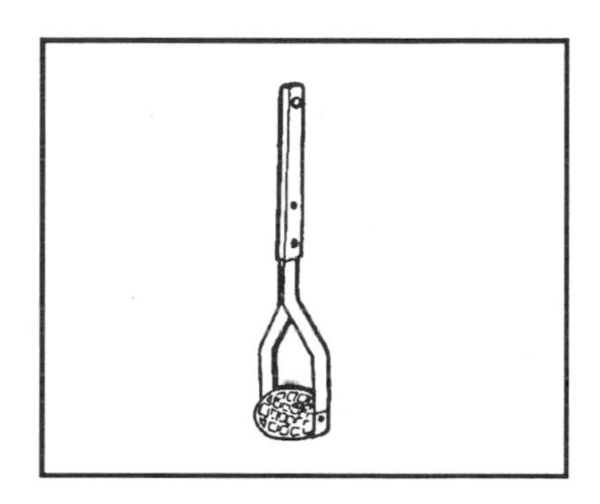

ANNEXE A

ANNEXE A

Vêtements

bas	bottes	caleçon
camisole	casquette	ceinture
chandail	chapeau	chemise
espadrille	foulard	gant
imperméable	jupe	maillot
manteau	mitaine	pantalon
pantoufle	pyjama	robe
salopette	soulier	tablier
tuque	veston	

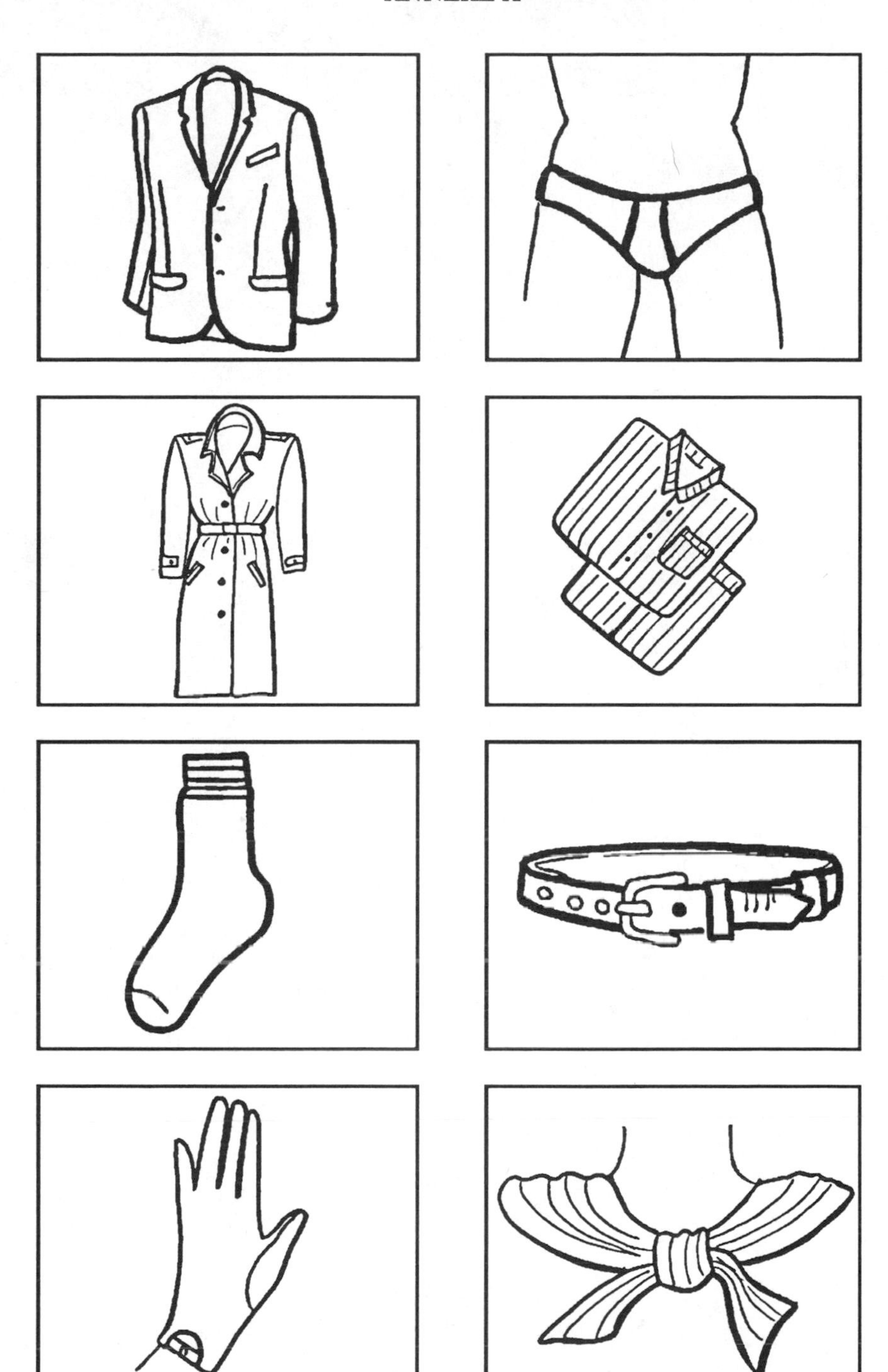

ANNEXE A

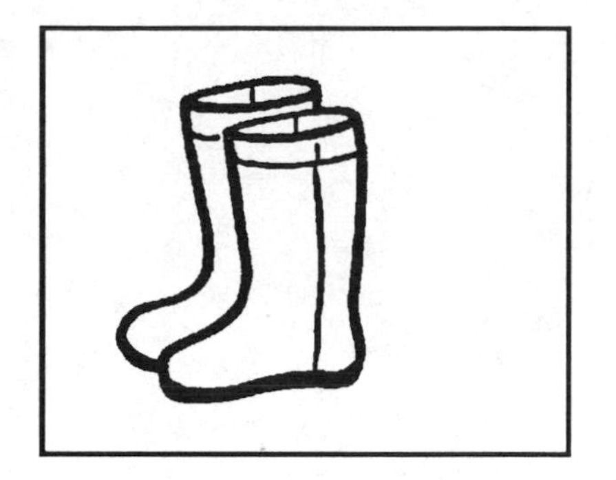

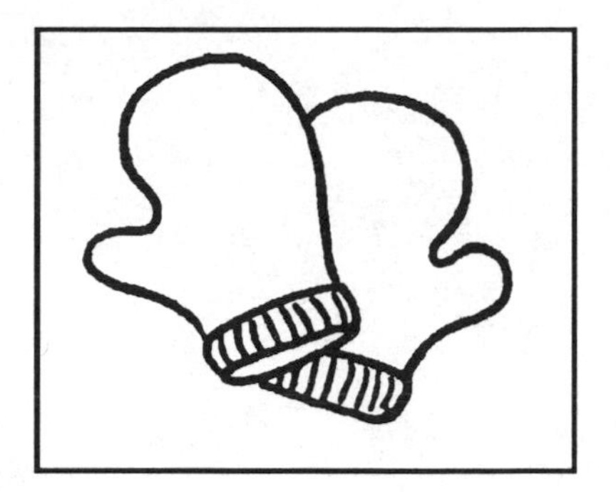

ANNEXE A

Étiquettes à remplir

ANNEXE A

Étiquettes à remplir

ANNEXE A

Étiquettes à remplir

ANNEXE A

Étiquettes à remplir

Guide pour l'objectivation

Texte à caractère informatif

Titre du texte: ______________________________

____

____

1. L'intention de lecture: ______________________________

____

____

2. Ce que je sais: ______________________________

____

____

   a) —— Le texte n'en parle pas.
   b) —— Le texte est d'accord avec moi.
   c) —— Le texte n'est pas d'accord avec moi.

3. Ce que j'aimerais savoir: ______________________________

____

____

   a) —— Le texte n'en parle pas.
   b) —— Réponse du texte: ______________________________

4. Ce que j'ai appris: ______________________________

____

____

____

____

____

____

Guide pour l'objectivation

Texte à caractère expressif ou poétique

Titre du livre ou du texte: ______________________

1. Autre titre: ______________________

2. Le(s) héros de l'histoire:

   ____

   ____

3. Le(s) personnage(s) que tu préfères.

   ____

4. Y a-t-il un (des) personnage(s) que tu détestes?

   ____

5. Attribue des caractéristiques physiques à un personnage. ______________________

6. Attribue des caractéristiques morales à un personnage.

   ____

7. Ressens-tu de la joie pour un ou des personnage(s)?

   ____

   ____

8. Ressens-tu de la tristesse pour un ou des personnage(s)?

   ____

9. À quel moment cette histoire se passe-t-elle? ____________

   ____

10. Est-ce que cette histoire pourrait arriver dans la vraie vie?

    ____

11. Est-ce que tu recommanderais ce livre ou cette histoire à un ami ou une amie? Pourquoi? ____________

    ____

    ____

    ____

Annexe B

Le carnet de syllabes

a

ballon

cadre

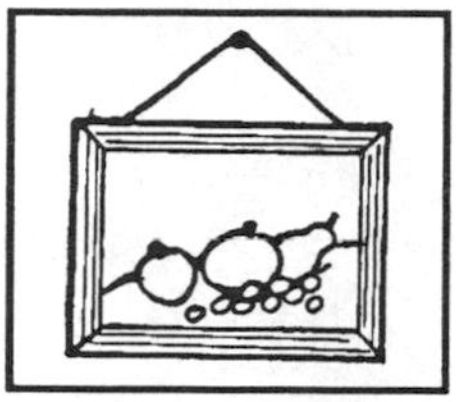

château

datte

face

gâteau

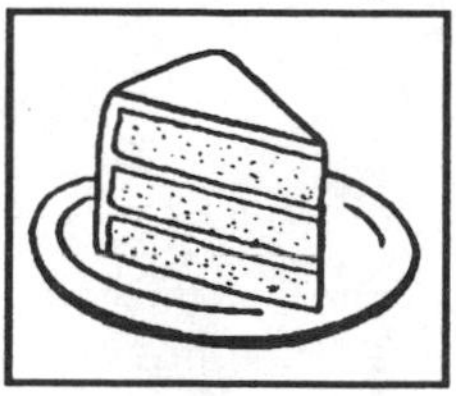

harpe

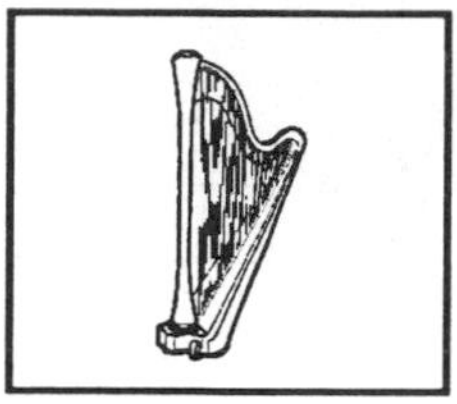

lapin

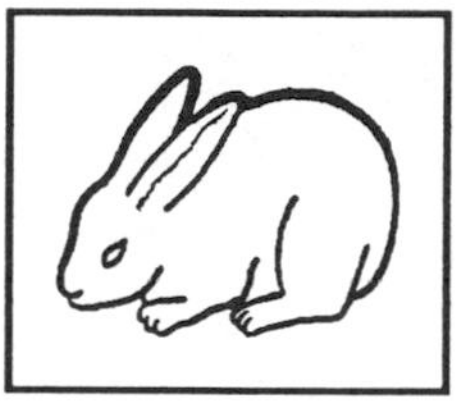

maïs

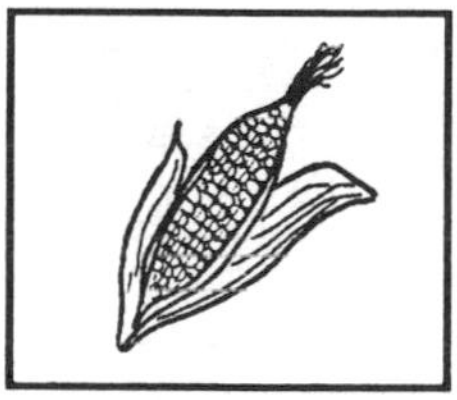

navet

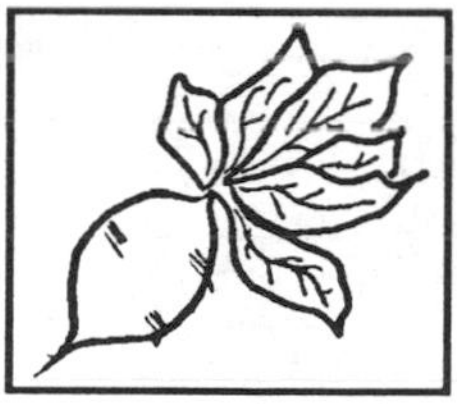

patate

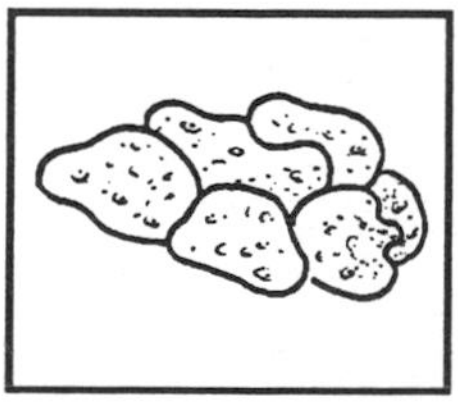

quatre

4

radio

salade

tarte

vache

e

betteraves

ceinture

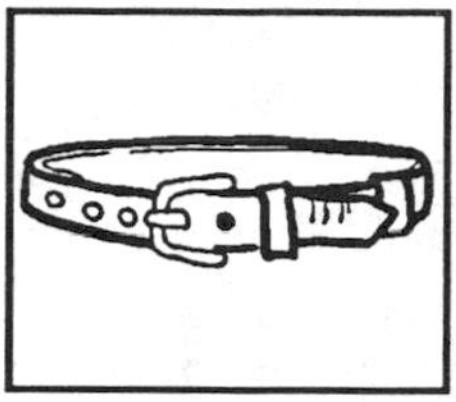

chemise

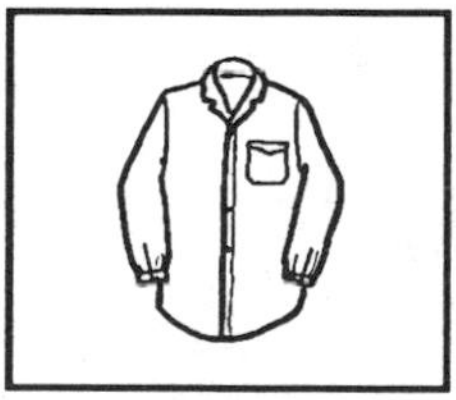

dent

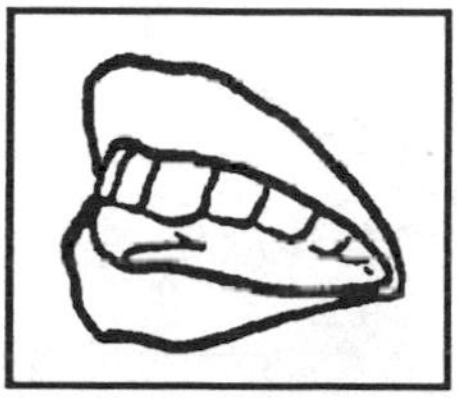

fesse

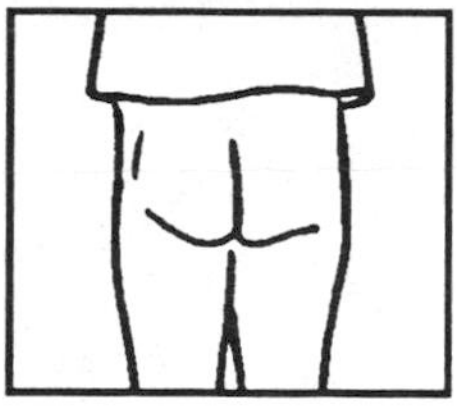

genou

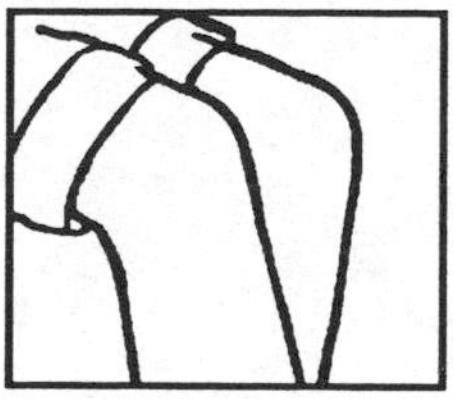

lecture

mesurer

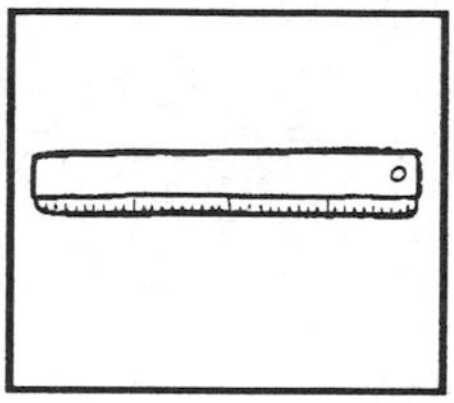

neveu

perceuse

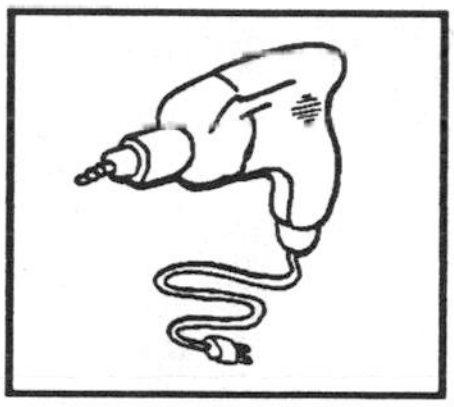

requin

secrétaire

tête

verre

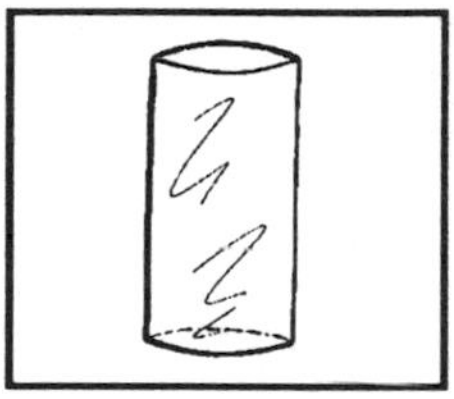

é

bébé

céleri

chez

dé

hélicoptère

médecin

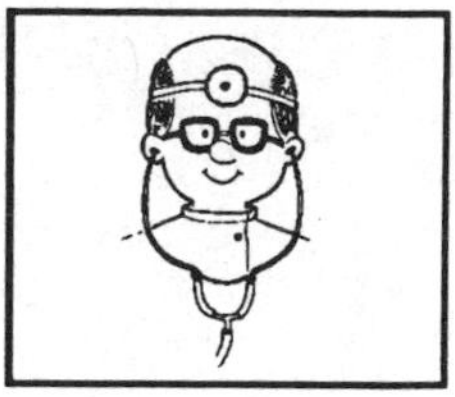

nez

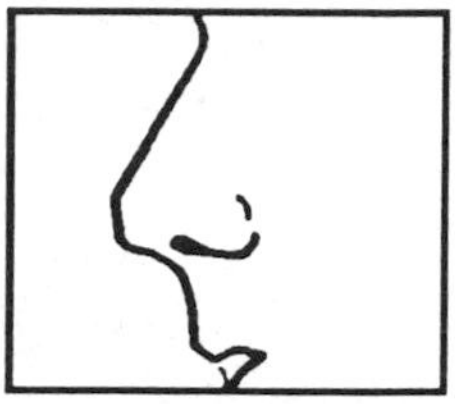

réfrigérateur

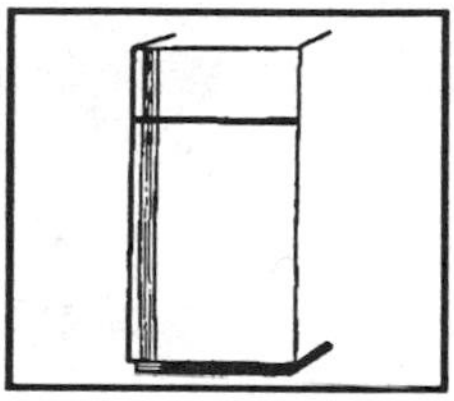

téléphone

è

chèvre

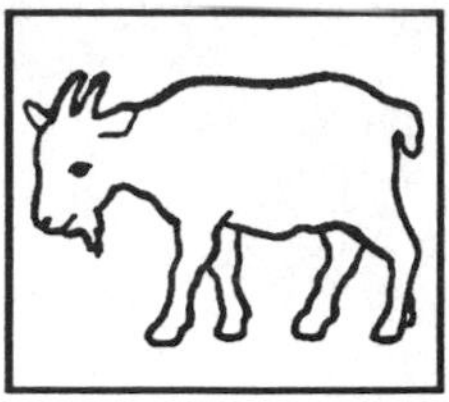

fève

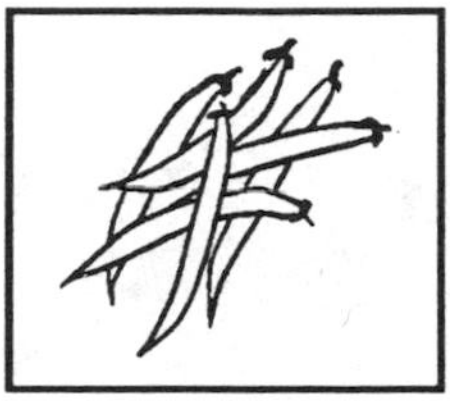

guêpe

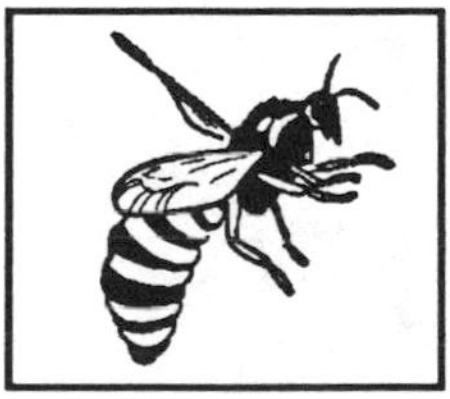

lèvre

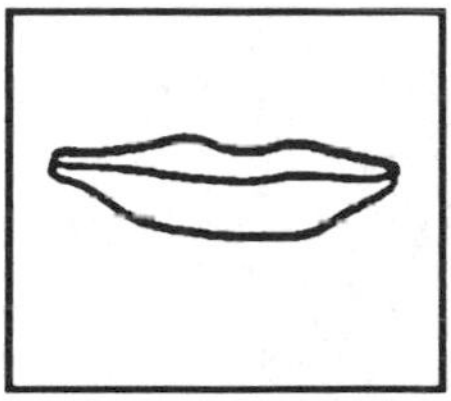

mère

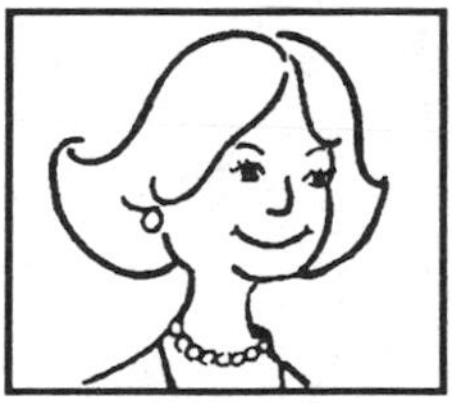

père

règle

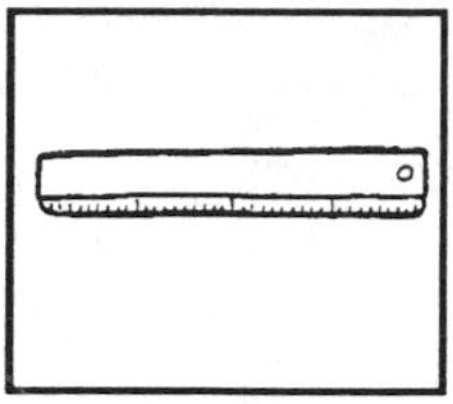

zèbre

i

bibliothèque

ciseaux

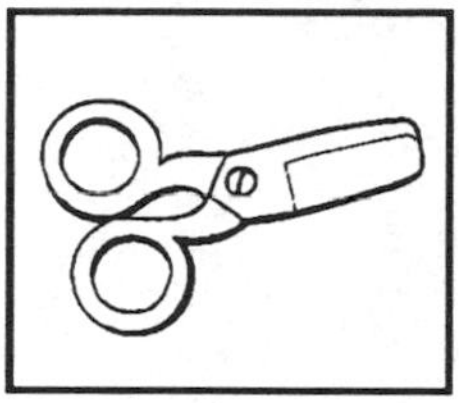

chien

hibou

kiwi

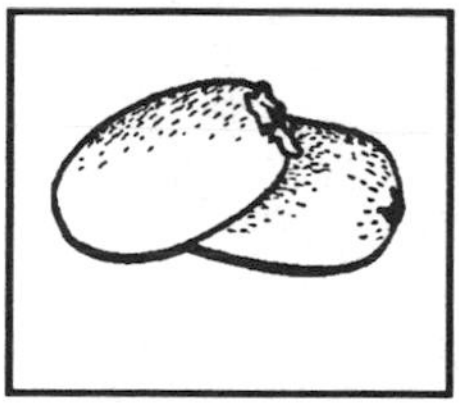

lit

mitaine

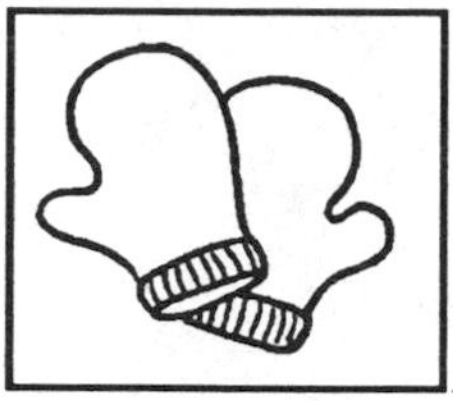

nid

pilote d'avion

rideau

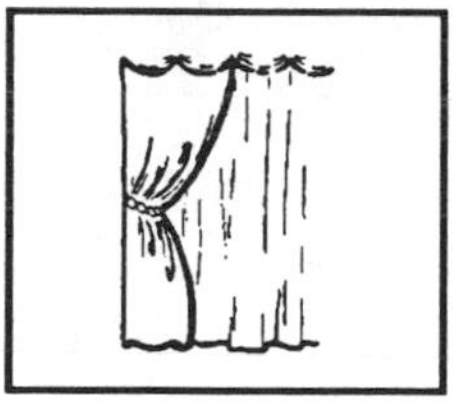

scie

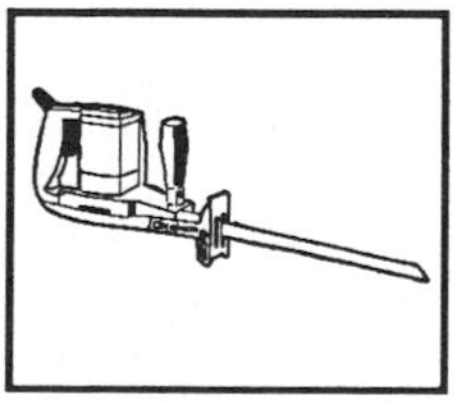

tricycle

violon

o

boeuf

cochon

dos

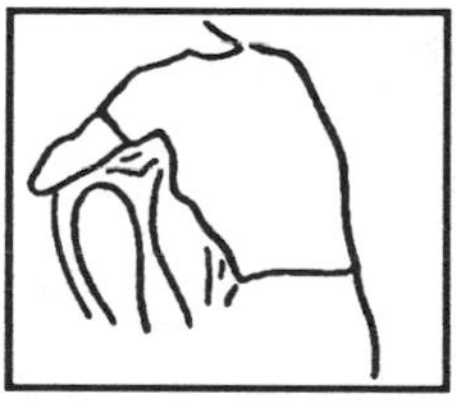

fromage

gomme à effacer

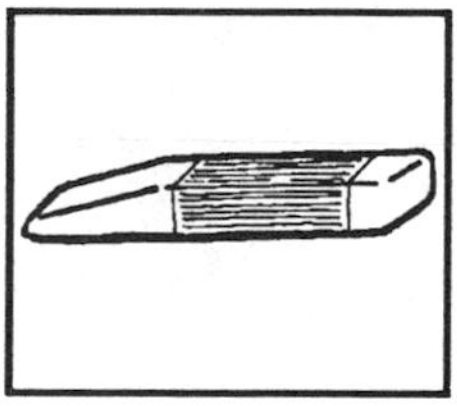

hôtel

logement

motel

note

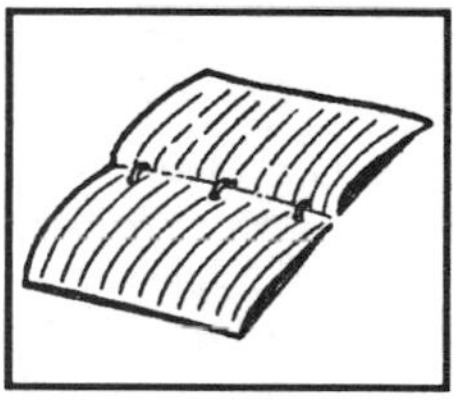

pomme

robe de chambre

soleil

tonneau

u

bûcheron

cuisinière

fruits

gruau

jupe

lutin

musique

prune

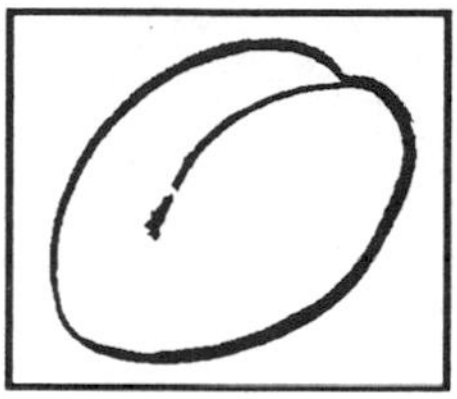

ruche

sucre

tuba

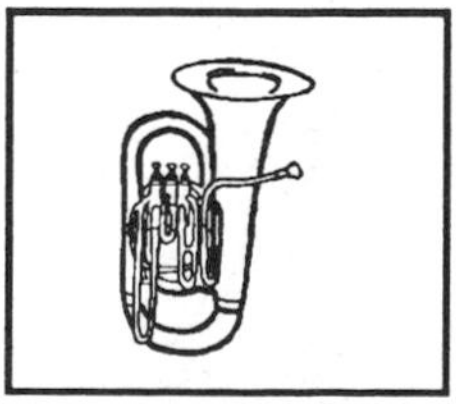

au

chauve-souris

dauphin

fauteuil

mauve

sauterelle

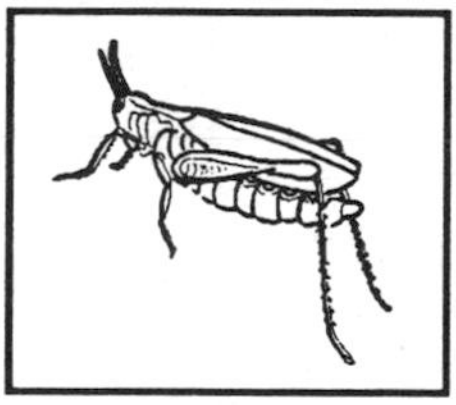

eau

veau

chemise

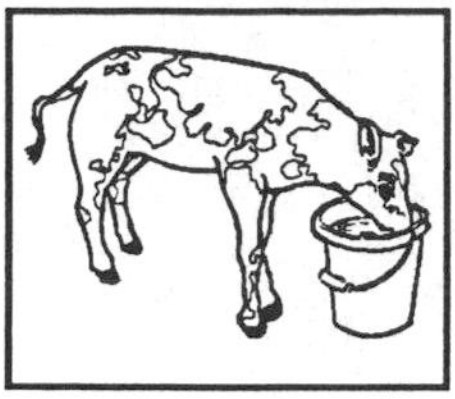

an

chanteuse

La dame parle

français

la chemise

grand-mère

grand-maman

manteau

blanc

pantalon

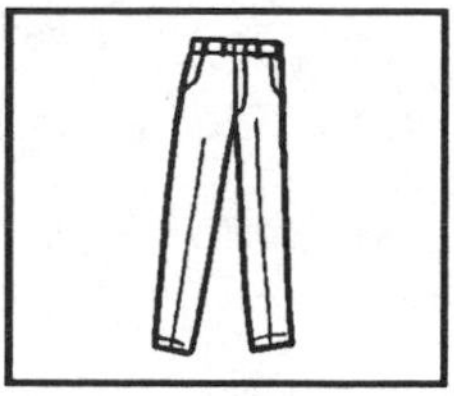

sandwich

tante

ai

crayons de couleur

chaise

laitue

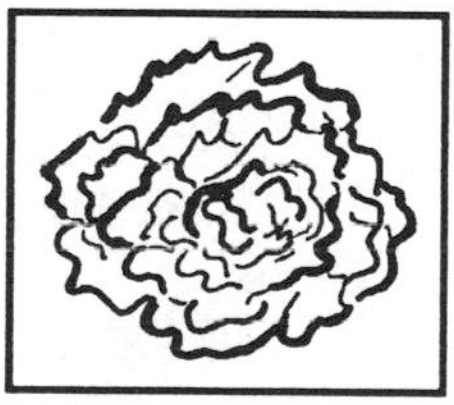

maison

raisin

en

dent

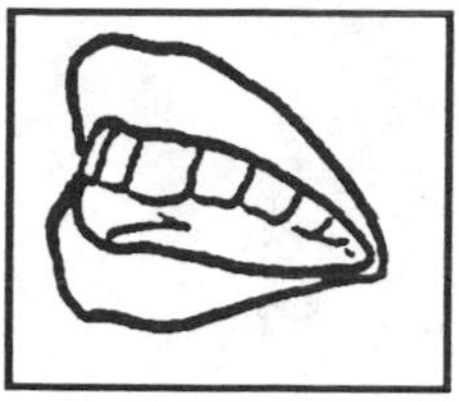

gencive

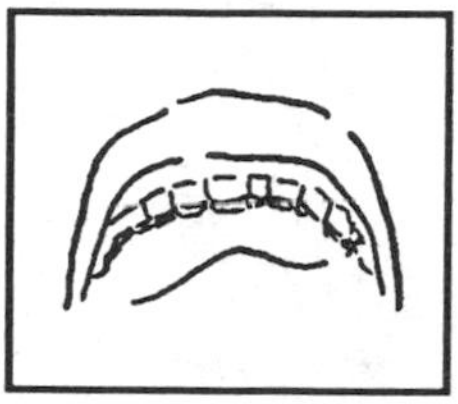

menton

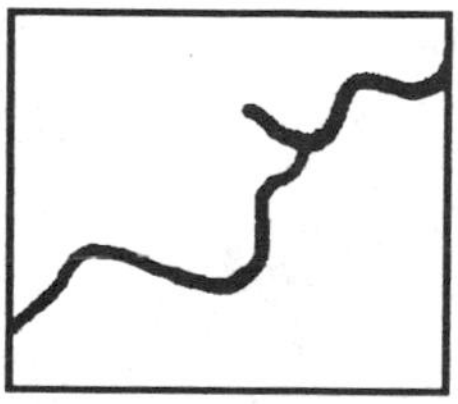

pendentif

tente

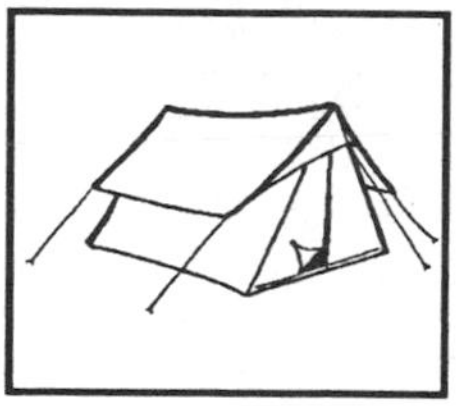

ventilateur

eu

beurre

fleur

meubles

pneu

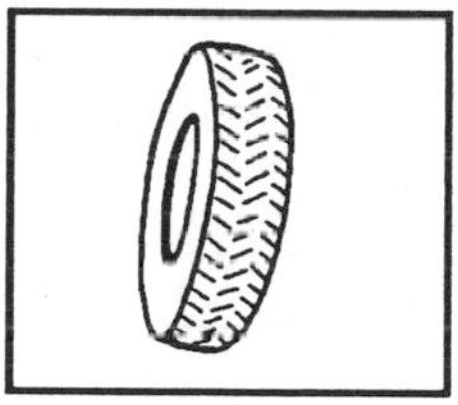

in

dinde

pince

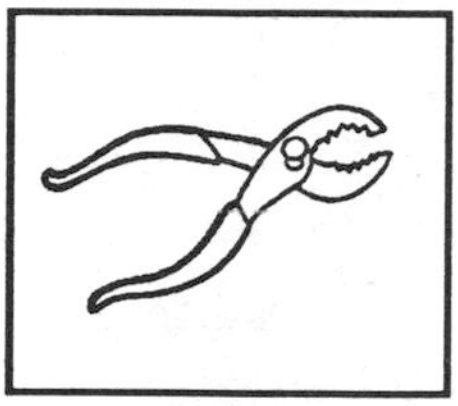

singe

timbale

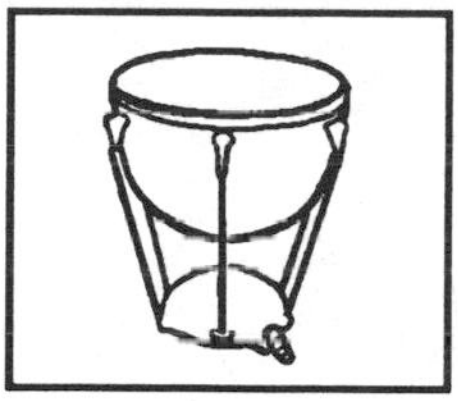

on

concombre

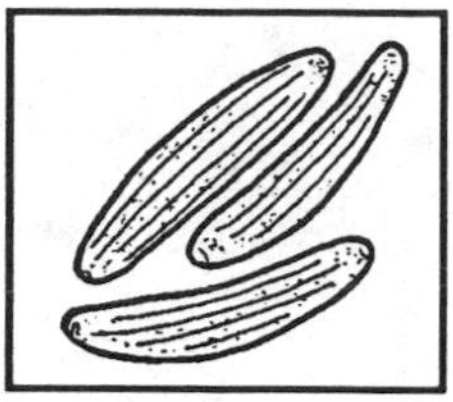

front

jonc

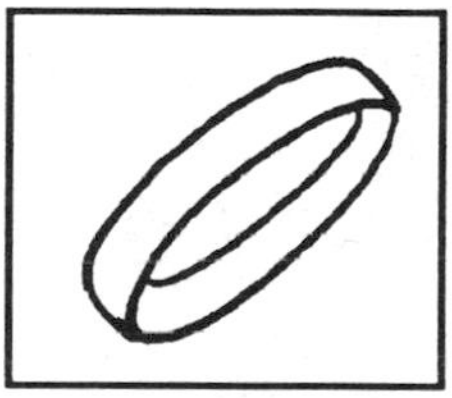

montre

pompier

thon

ou

bouilloire

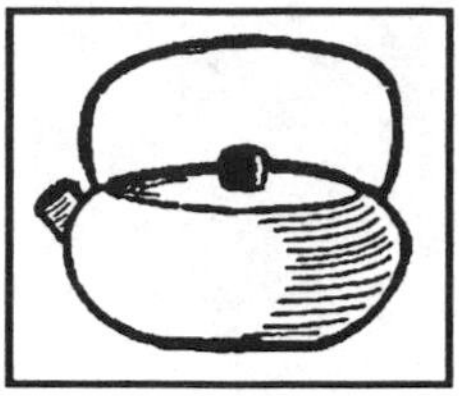

coude

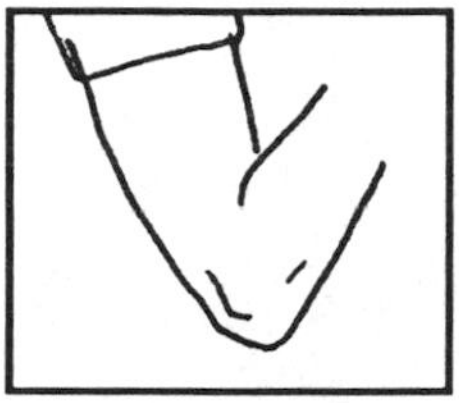

chou

fourchette

loup

poussin

rouge

soupe

toupie

Bibliographie

QUÉBEC, MINISTÈRE DE L'ÉDUCATION. *Programme d'études primaires, français,* Direction générale du développement pédagogique, 1979, 344 p.

QUÉBEC, MINISTÈRE DE L'ÉDUCATION. *Le mode d'apprentissage retenu dans l'élaboration du programme: guide pédagogique,* Direction générale du développement pédagogique, 1980, 24 p.

QUÉBEC, MINISTÈRE DE L'ÉDUCATION. *La lecture au cours primaire: guide pédagogique,* Direction générale du développement pédagogique, 1980, 62 p.

QUÉBEC, MINISTÈRE DE L'ÉDUCATION. *L'écriture au cours primaire: guide pédagogique,* Direction générale du développement pédagogique, 1980, 30 p.

QUÉBEC, MINISTÈRE DE L'ÉDUCATION. *Développement de l'habileté à écrire: exigences minimales, primaire, première année,* Direction générale des programmes, 1986, 88 p.

QUÉBEC, MINISTÈRE DE L'ÉDUCATION. *Guide pédagogique primaire: français, première année,* Direction générale du développement pédagogique, 1981, 185 p.

QUÉBEC, MINISTÈRE DE L'ÉDUCATION. *La calligraphie: guide pédagogique,* Direction générale du développement pédagogique, 1979, 32 p.

QUÉBEC, MINISTÈRE DE L'ÉDUCATION. *Littérature jeunesse: guide pédagogique — primaire,* Direction générale du développement pédagogique, 1981, 250 p.

Table des matières

DEUXIÈME PARTIE
L'écriture

Ouvrages parus aux Éditions de l'Homme

Affaires et vie pratique

*30 jours pour mieux organiser…, Gary Holland
*Acheter et vendre sa maison ou son condominium, Lucille Brisebois
*Acheter une franchise, Pierre Levasseur
*Les assemblées délibérantes, Francine Girard
*La bourse, Mark C. Brown
*Le chasse-insectes dans la maison, Odile Michaud
*Le chasse-insectes pour jardins, Odile Michaud
Le chasse-taches, Jack Cassimatis
*Choix de carrières — Après le collégial professionnel, Guy Milot
*Choix de carrières — Après le secondaire V, Guy Milot
*Choix de carrières — Après l'université, Guy Milot
*Comment cultiver un jardin potager, Jean-Claude Trait
Comment rédiger son curriculum vitæ, Julie Brazeau
*Comprendre le marketing, Pierre Levasseur
Des pierres à faire rêver, Lucie Larose
*Devenir exportateur, Pierre Levasseur
L'étiquette des affaires, Elena Jankovic
*Faire son testament soi-même, Me Gérald Poirier et Martine Nadeau Lescault
Les finances, Laurie H. Hutzler
Gérer ses ressources humaines, Pierre Levasseur
Le gestionnaire, Marian Colwell
La graphologie, Claude Santoy
*Le guide complet du jardinage, Charles L. Wilson
*Le guide de l'auto 92, Denis Duquet et Marc Lachapelle
*Le guide des bars de Montréal, Lili Gulliver
*Le guide des bons restaurants de Montréal et d'ailleurs, Josée Blanchette
Guide du savoir-écrire, Jean-Paul Simard
*Le guide du vin 92, Michel Phaneuf
*Le guide floral du Québec, Florian Bernard
Guide pratique des vins de France, Jacques Orhon
J'aime les azalées, Josée Deschênes
*J'aime les bulbes d'été, Sylvie Regimbal
J'aime les cactées, Claude Lamarche
*J'aime les conifères, Jacques Lafrenière
*J'aime les petits fruits rouges, Victor Berti
J'aime les rosiers, René Pronovost
J'aime les tomates, Victor Berti
J'aime les violettes africaines, Robert Davidson
J'apprends l'anglais…, Gino Silicani et Jeanne Grisé-Allard
Le jardin d'herbes, John Prenis
*Je me débrouille en aménagement intérieur, Daniel Bouillon et Claude Boisvert
*Lancer son entreprise, Pierre Levasseur
Le leadership, James J. Cribbin
Le livre de l'étiquette, Marguerite du Coffre
*La loi et vos droits, Me Paul-Émile Marchand
Le meeting, Gary Holland

Le mémo, Cheryl Reimold
* **Mon automobile,** Gouvernement du Québec et Collège Marie-Victorin
Notre mariage — Étiquette et planification, Marguerite du Coffre
L'orthographe en un clin d'œil, Jacques Laurin
* **Ouvrir et gérer un commerce de détail,** C. D. Roberge et A. Charbonneau
Le patron, Cheryl Reimold
* **Piscines, barbecues et patios,** Collectif
* **La prévention du crime,** Collectif
* **Prévoir les belles années de la retraite,** Michael Gordon
Les relations publiques, Richard Doin et Daniel Lamarre
Les secrets des maîtres vendeurs, Henry Porter
La taxidermie moderne, Jean Labrie
* **Les techniques de jardinage,** Paul Pouliot
Techniques de vente par téléphone, James D. Porterfield
* **Le temps des purs — Les nouvelles valeurs de l'entreprise,** David Olive
* **Tests d'aptitude pour mieux choisir sa carrière,** Linda et Barry Gale
* **Tout ce que vous devez savoir sur le condominium,** Robert Dubois
Une carrière sur mesure, Denise Lemyre-Desautels
L'univers de l'astronomie, Robert Tocquet
La vente, Tom Hopkins

Affaires publiques, vie culturelle, histoire

* **Artisanat québécois, tome 4,** Cyril Simard et Jean-Louis Bouchard
* **La baie d'Hudson,** Peter C. Newman
Beautés sauvages du Canada, Collectif
Bourassa, Michel Vastel
Les cathédrales de la mer, Marie-Josée Ouellet
* **Le cauchemar olympique ou l'envers de la médaille,** Sylvain Lake
Claude Léveillée, Daniel Guérard
* **Les conquérants des grands espaces,** Peter C. Newman
* **Dans la tempête — Le cardinal Léger et la révolution tranquille,** Micheline Lachance
La découverte de l'Amérique, Timothy Jacobson
* **Dieu ne joue pas aux dés,** Henri Laborit
* **Duplessis, tome 1 — L'ascension,** Conrad Black
* **Duplessis, tome 2 — Le pouvoir,** Conrad Black
* **Les écoles de rang au Québec,** Jacques Dorion
* **L'establishment canadien,** Peter C. Newman
* **Le frère André,** Micheline Lachance
La généalogie, Marthe F. Beauregard et Ève B. Malak
Gilles Villeneuve, Gerald Donaldson
Gretzky — Mon histoire, Wayne Gretzky et Rick Reilly
Les insolences du frère Untel, Jean-Paul Desbiens
Larry Robinson, Larry Robinson et Chrystian Goyens
* **Les mots de la faim et de la soif,** Hélène Matteau
* **Notre Clémence,** Hélène Pedneault
* **Les nouveaux riches, tome 2 — L'establishment canadien,** Peter C. Newman
* **Option Québec,** René Lévesque
L'or des cavaliers thraces, Collectif
* **Oui,** René Lévesque
Parce que je crois aux enfants, Andrée Ruffo
* **Les patients du docteur Cameron,** Anne Collins
Plamondon — Un cœur de rockeur, Jacques Godbout
Le prince de l'église, Micheline Lachance
* **Provigo,** René Provost et Maurice Chartrand

***La saga des Molson,** Shirley E. Woods
Sauvez votre planète!, Marjorie Lamb
***La sculpture ancienne au Québec,** John R. Porter et Jean Bélisle
***Sous les arches de McDonald's,** John F. Love
***Le temps des fêtes au Québec,** Raymond Montpetit
Trudeau le Québécois, Michel Vastel
***La vie antérieure,** Henri Laborit

Cuisine et nutrition

100 recettes de pain faciles à réaliser, Angéline Saint-Pierre
***À table avec sœur Angèle,** Sœur Angèle
Les aliments qui guérissent, Jean Carper
Le barbecue, Patrice Dard
Bonne table et bon cœur, Anne Lindsay
Brunches et petits déjeuners en fête, Yolande Bergeron
Cocktails de fruits non alcoolisés, Lorraine Whiteside
Combler ses besoins en calcium, Denyse Hunter
***Comme chez grand-maman Biondi,** J. Biondi et C. Lanzillotta
Comment nourrir son enfant, Louise Lambert-Lagacé
Le compte-calories, Micheline Brault-Dubuc et Liliane Caron-Lahaie
Le compte-cholestérol, M. Brault-Dubuc et L. Caron-Lahaie
***Les confitures,** Misette Godard
La congélation de A à Z, Joan Hood
Les conserves, Sœur Berthe
***Crème glacée et sorbets,** Yves Lebuis et Gilbert Pauzé
La cuisine au wok, Charmaine Solomon
Cuisine aux micro-ondes 1 et 2 portions, Marie-Paul Marchand
***La cuisine chinoise traditionnelle,** Jean Chen
***La cuisine créative Campbell,** Campbell
***La cuisine joyeuse de sœur Angèle,** Sœur Angèle
Cuisiner avec le four à convection, Jehane Benoit
***Cuisiner avec les champignons sauvages du Québec,** Claire L. Leclerc
***Cuisine santé pour les aînés,** Denyse Hunter
Le défi alimentaire de la femme, Louise Lambert-Lagacé
***La diète rotation,** Dr Martin Katahn
Faire son pain soi-même, Janice Murray Gill
***Faire son vin soi-même,** André Beaucage
La fine cuisine aux micro-ondes, Patrice Dard
***Gastronomie minute,** Julien Letellier
***Le livre du café,** Julien Letellier
***Menus et recettes du défi alimentaire de la femme,** Louise Lambert-Lagacé
***Les menus minute Weight Watchers,** Weight Watchers
Menus pour recevoir, Julien Letellier
Micro-ondes plus, Marie-Paul Marchand
***Modifiez vos recettes traditionnelles,** Denyse Hunter
Les muffins, Angela Clubb
La nouvelle cuisine micro-ondes, Marie-Paul Marchand et Nicole Grenier
La nouvelle cuisine micro-ondes II, Marie-Paul Marchand et Nicole Grenier
***Les pâtes,** Julien Letellier
***La pâtisserie,** Maurice-Marie Bellot
La sage bouffe de 2 à 6 ans, Louise Lambert-Lagacé
Les tisanes qui font merveille, Dr Leonhard Hochenegg et Anita Höhne
***Toutes les meilleures pizzas,** Joie Warner
***Toutes les meilleures salades et vinaigrettes,** Joie Warner

* **Toutes les meilleures sauces pour les pâtes,** Joie Warner
Une cuisine sage, Louise Lambert-Lagacé
* **Votre régime contre l'arthrite,** Helen MacFarlane
* **Votre régime contre le diabète,** Martin Budd
* **Votre régime contre le psoriasis,** Harry Clements
* **Votre régime pour contrôler le cholestérol,** R. Newman Turner
* **Weight Watchers — La cuisine légère,** Weight Watchers
* **Les yogourts glacés,** Mable et Gar Hoffman

Plein air, sports, loisirs

100 trucs de billard, Pierre Morin
* **52 Week-ends au Québec,** André Bergeron
* **L'ABC du bridge,** Frank Stewart et Randall Baron
Apprenez à patiner, Gaston Marcotte
L'arc et la chasse, Greg Guardo
Les armes de chasse, Charles Petit-Martinon
L'art du pliage du papier, Robert Harbin
La batterie sans professeur, James Blades et Johnny Dean
* **La bicyclette,** Jean Corbeil
Carte et boussole, Björn Kjellström
Le chant sans professeur, Graham Hewitt
Le clavier électronique sans professeur, Roger Evans
* **Les clés du scrabble,** Pierre-André Sigal et Michel Raineri
* **Comment vivre dans la nature,** Bill Rivière et l'équipe de L. L. Bean
Le conditionnement physique, Richard Chevalier, Serge Laferrière et Yves Bergeron
* **Construire des cabanes d'oiseaux,** André Dion
Corrigez vos défauts au golf, Yves Bergeron
* **Le curling,** Ed Lukowich
De la hanche aux doigts de pieds — Guide santé pour l'athlète, M. J. Schneider et M. D. Sussman
Devenir gardien de but au hockey, François Allaire
Le dictionnaire des bruits, Jean-Claude Trait et Yvon Dulude
* **Exceller au baseball,** Dick Walker
* **Exceller au football,** James Allen
* **Exceller au softball,** Dick Walker
* **Exceller au tennis,** Charles Bracken
* **Exceller en natation,** Gene Dabney
La flûte traversière sans professeur, Howard Harrison
Le golf au féminin, Yves Bergeron et André Maltais
Grandir en 100 exercices, Henri B. Zimmer
Le grand livre des sports, Le groupe Diagram
Le guide complet du judo, Louis Arpin
* **Le guide de la chasse,** Jean Pagé
Le guide de l'alpinisme, Massimo Cappon
* **Le guide de la pêche au Québec,** Jean Pagé
Guide des destinations soleil, André Bergeron
Guide des jeux scouts, Association des Scouts du Canada
Le guide de survie de l'armée américaine, Collectif
* **Guide de survie en forêt canadienne,** Jean-Georges Desheneaux
La guitare, Peter Collins
La guitare sans professeur, Roger Evans
* **J'apprends à dessiner,** Joanna Nash
* **J'apprends à nager,** Régent la Coursière
* **Je me débrouille à la chasse,** Gilles Richard

*__Je me débrouille à la pêche,__ Serge Vincent
__Jeux pour rire et s'amuser en société,__ Claudette Contant
*__Jouez gagnant au golf,__ Luc Brien et Jacques Barrette
__Jouons au scrabble,__ Philippe Guérin
__Le karaté Koshiki,__ Collectif
__Le karaté Kyokushin,__ André Gilbert
__Le livre des patiences,__ Maria Bezanovska et Paul Kitchevats
*__Maîtriser son doigté sur un clavier,__ Jean-Paul Lemire
__Manuel de pilotage,__ Transport Canada
__Le manuel du monteur de mouches,__ Mike Dawes
__Le marathon pour tous,__ Pierre Anctil, Daniel Bégin et Patrick Montuoro
__La médecine sportive,__ Dr Gabe Mirkin et Marshall Hoffman
__La musculation pour tous,__ Serge Laferrière
*__La nature en hiver,__ Donald W. Stokes
*__Les papillons du Québec,__ Christian Veilleux et Bernard Prévost
*__Partons en camping!,__ Archie Satterfield et Eddie Bauer
__Partons sac au dos,__ Archie Satterfield et Eddie Bauer
__Les passes au hockey,__ Claude Chapleau, Pierre Frigon et Gaston Marcotte
*__Photos voyage,__ Louis-Philippe Coiteux et Michel Frenette
__Le piano jazz sans professeur,__ Bob Kail
__Le piano sans professeur,__ Roger Evans
__La planche à voile,__ Gérald Maillefer
__La plongée sous-marine,__ Richard Charron
__Le programme 5BX, pour être en forme,__
*__Racquetball,__ Jean Corbeil
*__Racquetball plus,__ Jean Corbeil
__Les règles du golf,__ Yves Bergeron
*__Rivières et lacs canotables du Québec,__ Fédération québécoise du canot-camping
__S'améliorer au tennis,__ Richard Chevalier
__Le saumon,__ Jean-Paul Dubé
*__Le scrabble,__ Daniel Gallez
__Les secrets du baseball,__ Jacques Doucet et Claude Raymond
__Le solfège sans professeur,__ Roger Evans
__La technique du ski alpin,__ Stu Campbell et Max Lundberg
__Techniques du billard,__ Robert Pouliot
__Le tennis,__ Denis Roch
*__Le tissage,__ Germaine Galerneau et Jeanne Grisé-Allard
__Tous les secrets du golf selon Arnold Palmer,__ Arnold Palmer
__La trompette sans professeur,__ Digby Fairweather
__Le violon sans professeur,__ Max Jaffa
*__Le vitrail,__ Claude Bettinger
__Le volley-ball,__ Fédération de volley-ball

Psychologie, vie affective, vie professionnelle, sexualité

*__30 jours pour redevenir un couple heureux,__ Patricia K. Nida et Kevin Cooney
*__30 jours pour un plus grand épanouissement sexuel,__ Alan Schneider et Deidre Laiken
*__Adieu Québec,__ André Bureau
__À dix kilos du bonheur,__ Danielle Bourque
__Aider mon patron à m'aider,__ Eugène Houde
*__Aider son enfant en maternelle et en première année,__ Louise Pedneault-Pontbriand
__À la découverte de mon corps — Guide pour les adolescentes,__ Lynda Madaras
__À la découverte de mon corps — Guide pour les adolescents,__ Lynda Madaras
__L'amour comme solution,__ Susan Jeffers

L'amour, de l'exigence à la préférence, Lucien Auger
Les années clés de mon enfant, Frank et Theresa Caplan
Apprivoiser l'ennemi intérieur, Dr George R. Bach et Laura Torbet
L'art d'aider, Robert R. Carkhuff
L'art de l'allaitement maternel, Ligue internationale La Leche
L'art de parler en public, Ed Woblmuth
L'art d'être parents, Dr Benjamin Spock
L'autodéveloppement, Jean Garneau et Michelle Larivey
Avoir un enfant après 35 ans, Isabelle Robert
Bientôt maman, Janet Whalley, Penny Simkin et Ann Keppler
* **Le bonheur au travail,** Alan Carson et Robert Dunlop
Le bonheur possible, Robert Blondin
Ces hommes qui méprisent les femmes... et les femmes qui les aiment, Dr Susan Forward et Joan Torres
Ces hommes qui ne peuvent être fidèles, Carol Botwin
Ces visages qui en disent long, Jeanne-Élise Alazard
Changer ensemble — Les étapes du couple, Susan M. Campbell
Chère solitude, Jeffrey Kottler
Le cœur en écharpe, Stephen Gullo et Connie Church
Comment communiquer avec votre adolescent, E. Weinhaus et K. Friedman
Comment déborder d'énergie, Jean-Paul Simard
Comment garder son homme, Alexandra Penney
Le complexe de Casanova, Peter Trachtenberg
Comprendre et interpréter vos rêves, Michel Devivier et Corinne Léonard
Découvrez votre quotient intellectuel, Victor Serebriakoff
Découvrir un sens à sa vie avec la logothérapie, Viktor E. Frankl
Le défi de vieillir, Hubert de Ravinel
La deuxième année de mon enfant, Frank et Theresa Caplan
Les douze premiers mois de mon enfant, Frank Caplan
Les écarts de conduite, Dr John Pearce
En attendant notre enfant, Yvette Pratte Marchessault
Les enfants de l'autre, Erna Paris
* **L'enfant unique — Enfant équilibré, parents heureux,** Ellen Peck
* **L'étonnant nouveau-né,** Marshall H. Klaus et Phyllis H. Klaus
Être soi-même, Dorothy Corkille Briggs
Évoluer avec ses enfants, Pierre-Paul Gagné
Exercices aquatiques pour les futures mamans, Joanne Dussault et Claudia Demers
La femme indispensable, Ellen Sue Stern
Finies les phobies!, Dr Manuel D. Zane et Harry Milt
La flexibilité — Savoir changer, c'est réussir, P. Donovan et J. Wonder
La force intérieure, J. Ensign Addington
Le grand manuel des arts divinatoires, Sasha Fenton
* **Le grand manuel des cristaux,** Ursula Markham
Les grands virages — Comment tirer parti de tous les imprévus de la vie, R. H. Lauer et J. C. Lauer
La graphologie au service de votre vie intime et professionnelle, Claude Santoy
Guérir des autres, Albert Glaude
Le guide du succès, Tom Hopkins
L'histoire merveilleuse de la naissance, Jocelyne Robert
L'horoscope chinois 1992, Neil Somerville
L'infidélité, Wendy Leigh
L'intuition, Philip Goldberg
J'aime, Yves Saint-Arnaud

J'ai quelque chose à vous dire..., B. Fairchild et N. Hayward
J'ai rendez-vous avec moi, Micheline Lacasse
Le journal intime intensif, Ira Progoff
Lis cette page, s'il te plaît, N. Chesanow et G. L. Ersersky
Le mal des mots, Denise Thériault
Ma sexualité de 0 à 6 ans, Jocelyne Robert
Ma sexualité de 6 à 9 ans, Jocelyne Robert
Ma sexualité de 9 à 12 ans, Jocelyne Robert
La méditation transcendantale, Jack Forem
Le mensonge amoureux, Robert Blondin
Mon enfant naîtra-t-il en bonne santé?, Jonathan Scher et Carol Dix
Nous, on en parle, Marcelle Lamarche et Pol Danheux
Parle-moi... j'ai des choses à te dire, Jacques Salomé
Parlez-leur d'amour, Jocelyne Robert
Parlez pour qu'on vous écoute, Michèle Brien
Penser heureux — La conquête du bonheur, image par image, Lucien Auger
Perdant gagnant! — Réussissez vos échecs, Carole Hyatt et Linda Gottlieb
Père manquant, fils manqué, Guy Corneau
Les peurs infantiles, Dr John Pearce
* **Les plaisirs du stress,** Dr Peter G. Hanson
Pourquoi l'autre et pas moi? — Le droit à la jalousie, Dr Louise Auger
* **Pour vous future maman,** Trude Sekely
Préparez votre enfant à l'école, Louise Doyon-Richard
Prévenir et surmonter la déprime, Lucien Auger
Psychologie de l'amour romantique, Dr Nathaniel Branden
Psychologie de l'enfant de 0 à 10 ans, Françoise Cholette-Pérusse
* **La puberté,** Angela Hines
La puissance de la vie positive, Norman Vincent Peale
La puissance de l'intention, Richard J. Leider
Respirations et positions d'accouchement, Joanne Dussault
S'affirmer et communiquer, Jean-Marie Boisvert et Madeleine Beaudry
S'aider soi-même davantage, Lucien Auger
Se changer, Michael J. Mahoney
Se comprendre soi-même par des tests, Collaboration
Se connaître soi-même, Gérard Artaud
Se guérir de la sottise, Lucien Auger
S'entraider, Jacques Limoges
* **La séparation du couple,** Robert S. Weiss
La sexualité du jeune adolescent, Dr Lionel Gendron
Si je m'écoutais je m'entendrais, Jacques Salomé et Sylvie Galland
Si seulement je pouvais changer!, Patrick Lynes
Les soins de la première année de bébé, Paula Kelly
Stress et succès, Peter G. Hanson
Le syndrome de la fatigue chronique, Edmund Blair Bolles
Le syndrome de la corde au cou, Sonya Rhodes et Marlin S. Potash
La tendresse, Nobert Wölfl
Tout se joue avant la maternelle, Masaru Ibuka
Transformer ses faiblesses en forces, Dr Harold Bloomfield
Travailler devant un écran, Dr Helen Feeley
* **Un second souffle,** Diane Hébert
Vouloir c'est pouvoir, Raymond Hull

Santé, beauté

30 jours pour avoir de beaux ongles, Patricia Bozic
30 jours pour cesser de fumer, Gary Holland et Herman Weiss
30 jours pour perdre son ventre (pour hommes), Roy Matthews et Nancy Burstein
* **L'ablation de la vésicule biliaire,** Jean-Claude Paquet
Alzheimer — Le long crépuscule, Donna Cohen et Carl Eisdorfer
L'arthrite, Dr Michael Reed Gach
Charme et sex-appeal au masculin, Mireille Lemelin
* **Comment arrêter de fumer pour de bon,** Kieron O'Connor, Robert Langlois et Yves Lamontagne
Comment devenir et rester mince, Dr Gabe Mirkin
De belles jambes à tout âge, Dr Guylaine Lanctôt
Dormez comme un enfant, John Selby
Dos fort bon dos, David Imrie et Lu Barbuto
Être belle pour la vie, Bronwen Meredith
Le guide complet des cheveux, Philip Kingsley
L'hystérectomie, Suzanne Alix
Initiation au shiatsu, Yuki Rioux
Maigrir: la fin de l'obsession, Susie Orbach
Le manuel Johnson & Johnson des premiers soins, Dr Stephen Rosenberg
Les maux de tête chroniques, Antonia Van Der Meer
Maux de tête et migraines, Dr Jacques P. Meloche et J. Dorion
Mini-massages, Jack Hofer
Perdre son ventre en 30 jours, Nancy Burstein
Principe de la technique respiratoire, Julie Lefrançois
Programme XBX de l'aviation royale du Canada, Collectif
Le régime hanches et cuisses, Rosemary Conley
Le rhume des foins, Roger Newman Turner
Ronfleurs, réveillez-vous!, Jocelyne Delage et Jacques Piché
Savoir relaxer — Pour combattre le stress, Dr Edmund Jacobson
Soignez vos pieds, Dr Glenn Copeland et Stan Solomon
Le supermassage minute, Gordon Inkeles
Le syndrome prémenstruel, Dr Caroline Shreeve
Vivre avec l'alcool, Louise Nadeau

---

* Pour l'Amérique du Nord seulement